KB043854

MP3 다운로드 방법

컴퓨터에서
- 네이버 블로그 주소란에 **www.lancom.co.kr** 입력 또는
  네이버 블로그 검색창에 **랭컴**을 입력하신 후 다운로드

- **www.webhard.co.kr**에서 직접 다운로드
  아이디 : **lancombook**
  패스워드 : **lancombook**

스마트폰에서

콜롬북스 앱을 통해서 본문 전체가 녹음된
MP3 파일을 무료로 **다운로드**할 수 있습니다.

- 구글플레이 · 앱스토어에서 **콜롬북스 앱** 다운로드 및 설치
- 회원 가입 없이 원하는 도서명을 검색 후 **MP3 다운로드**
- 회원 가입 시 더 다양한 **콜롬북스** 서비스 이용 가능

여행자 필수 메모

성 명 Name	
생년월일 Date of Birth	
국 적 Nationality	
호 텔 Hotel	
여권번호 Passport No.	
비자번호 Visa No.	
항공기편명 Flight Name	
항공권번호 Air Ticket No.	
신용카드번호 Credit Card No.	
여행자수표번호 Traveler's Check No.	
출발지 Departed from	
목적지 Destination	

포켓북
왕초보 여행 중국어회화

포켓북
왕초보 여행 중국어회화

2019년 01월 05일 초판 1쇄 인쇄
2019년 01월 10일 초판 1쇄 발행

지은이 송미경
발행인 손건
편집기획 김상배, 장수경
마케팅 이언영
디자인 이성세
제작 최승용
인쇄 선경프린테크

발행처 _LanCom_ 랭컴
주소 서울시 영등포구 영신로38길 17
등록번호 제 312-2006-00060호
전화 02) 2636-0895
팩스 02) 2636-0896
홈페이지 www.lancom.co.kr

ⓒ 랭컴 2018
ISBN 979-11-89204-30-3 13720

나만 믿고 따라와 ~
만만하게 듣고 당당하게 말한다!

내손에
펼쳐진
포켓북

왕초보
여행
중국어
회화

송미경 지음

LanCom
Language & Communication

단체로 중국여행을 가면 현지 사정에 밝은 가이드가 안내와 통역을 해주기 때문에 말이 통하지 않아 생기는 불편함은 그다지 크지 않을 수 있습니다. 하지만, 중국인을 직접 만나서 대화를 하거나 물건을 구입할 때 등의 경우에서는 회화가 절대적으로 필요하며 여행지에서의 자유로운 의사소통은 여행을 한층 즐겁고 보람차게 해줄 것입니다.

따라서, 이 책은 중국어 때문에 부담스러운 여행이 아니라 즐거운 여행이 되도록 도착 공항에서부터 안전하게 귀국할 때까지 상황에 맞는 유용한 중국어 회화표현만을 엄선하였습니다. 상대방의 이야기를 듣고 천천히 그리고 확실하게 자기가 하고 싶은 말을 할 수 있도록 하였으며, 실제로 중국으로 여행을 떠날 때 이 책 한 권을 주머니에 넣고 출발하면 베스트 가이드가 될 것입니다.
이 책은 다음과 같은 특징으로 꾸며졌습니다.

✿ 휴대가 간편한 여행회화

여행지에서 간편하게 가지고 다니면서 그때그때 필요한 회화표현을 쉽게 찾아서 말할 수 있도록 한 손에 쏙 들어가는 사이즈로 만들었습니다.

✿ 간편하고 유용한 표현만을 엄선

중국어를 잘 하지 못하는 사람들이 중국으로 여행이나 출장 등을 떠날 때 현지에서 유용하게 쓸 수 있도록 여행에서 가장 많이 쓰이는 간편한 표현만을 엄선하였으며, 다양한 그림으로 상황을 묘사하였습니다.

❀ 여행 스케줄에 맞춘 순서 배열

중국으로 여행을 떠나기 전에 반드시 익혀두어야 할 기본회화를 시작으로 여행 시 부딪치게 될 출국, 숙박, 외출, 관광, 식사, 방문, 쇼핑, 트러블에 이르는 9개의 주요 장면으로 구성하여 여행의 두려움을 없애도록 하였습니다.

❀ 찾아서 말하기 쉬운 맞쪽 편집

필요한 장면에 부딪치는 상황이 오면 즉석에서 찾아 바로 활용이 가능하도록 우리말을 먼저 두었으며, 보기 쉽도록 맞쪽으로 편집하였습니다.

❀ 왕초보자도 읽을 수 있도록 한글로 발음 표기

이 책은 중국어 회화를 제대로 구사하지 못해도 읽기 쉽게 중국어 병음을 한글로 달아두었기 때문에 또박또박 발음만 잘 한다면 중국인들도 충분히 알아들을 수 있습니다. 또한 무료로 제공하는 MP3 파일에는 중국인의 생생한 목소리가 담겨져 있어 보다 정확한 발음을 익힐 수 있습니다.

차례

◀)) 성조(声调)

중국어 성조에는 1성, 2성, 3성, 4성이 있으며 각각의 성조는 발음을 구성하는 매우 중요한 요소이므로 반드시 기억해야 합니다. 4성의 발음 요령은 다음과 같습니다.

성조의 발음 요령

제1성 1성은 높고 평평하게 끝까지 힘을 빼지 말고 '솔'의 음높이를 유지합니다.

제2성 2성은 '미'의 음높이에서 '솔'로 단숨에 끌어올리며 뒤쪽에 힘을 넣습니다.

제3성 3성은 '레'의 음높이에서 '도'로 낮게 누른 후 가볍게 끝을 상승시킵니다.

제4성 4성은 '솔'의 음높이에서 포물선을 그리듯 빠르게 '도'까지 떨어뜨립니다.

성조의 발음 연습

다음의 성조표를 오선지라고 생각하고 성조를 연습해봅시다.

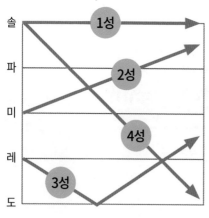

제1성 : **妈** mā 엄마

제2성 : **麻** má 삼베

제3성 : **马** mǎ 말

제4성 : **骂** mà 혼내다, 욕하다

◀ 성모(声母)

성모는 우리말의 자음에 해당하는 부분으로 모두 21개로 이루어져 있습니다.

1. 쌍순음

b(o)	p(o)	m(o)	f(o)
[뽀어]	[포어]	[모어]	[포어]

2. 설첨음

d(e)	t(e)	n(e)	l(e)
[뜨어]	[트어]	[느어]	[르어]

3. 설근음

g(e)	k(e)	h(e)
[끄어]	[크어]	[흐어]

4. 설면음

j(i)	q(i)	x(i)
[지]	[치]	[시]

5. 권설음

zh(i)	ch(i)	sh(i)	r(i)
[즈]	[츠]	[스]	[르]

6. 설치음

z(i)	c(i)	s(i)
[쯔]	[츠]	[쓰]

◀)) 운모(韵母)

- 중국어 병음에서 운모는 우리말의 모음에 해당됩니다.
- 총 36개의 운모가 있으며, 발음 부위와 방법에 따라 단운모, 복운모, 비운모, 권설운모, 결합운모로 구분됩니다.

1. 단운모(单韵母)

a	o	e	i	u	ü
[아]	[오어]	[으어]	[이]	[우]	[위]

2. 복운모(复韵母)

ai	ei	ao	ou
[아이]	[에이]	[아오]	[어우]

3. 비운모(鼻韵母)

an	en	ang	eng	ong
[안]	[으언]	[앙]	[으엉]	[옹]

4. 권설운모(卷舌韵母)

er
[얼]

5. 결합운모(结合韵母)

① i [yi] 결합운모

ia
(ya)
[이아]

iao
(yao)
[이아오]

ie
(ye)
[이에]

iou
(you)(-iu)
[이어우]

ian
(yan)
[이엔]

in
(yin)
[인]

iang
(yang)
[이앙]

ing
(ying)
[잉]

iong
(yong)
[이용]

② u [wu] 결합운모

ua
(wa)
[우아]

uo
(wo)
[우어]

uai
(wai)(-ui)
[우아이]

uei
(wei)
[우에이]

uan
(wan)
[우안]

uen
(wen)(-un)
[우언]

uang
(wang)
[우앙]

ueng
(weng)
[우엉]

③ ü [yu] 결합운모

üe
(yue)
[위에]

üan
(yuan)
[위엔]

ün
(yun)
[윈]

Part 1

기본회화

안녕하세요, 요즘 어떠세요?
你好, 最近怎么?
Nǐ hǎo, zuìjìn zěnmeyàng
니 하오, 쭈이찐 전머양

잘 지내요, 당신은요?
很好, 你呢?
Hěn hǎo, nǐ ne
흐언 하오, 니 너

사람을 만났을 때 가장 많이 쓰이는 일상적인 인사는 你好(Nǐhǎo)입니다. 우리말의 '안녕하세요?'에 해당하는 인사로서 시간이나 장소 또는 연령에도 구애받지 않고 무난히 쓸 수 있습니다. 상대방을 높여서 인사할 때는 您好(Nínhǎo)라고 합니다. 또한 아침에 만났을 때는 早安(Zǎoān), 저녁때 만났을 때는 晚安(Wǎn'ān)으로 인사를 나눕니다.

모르면 대략난감 **Best Expressions**

안녕하세요.

你好! / 您好!

Nǐ hǎo / Nín hǎo

니 하오 / 닌 하오

안녕하세요?

你好吗?

Nǐ hǎo ma

니 하오 마

안녕하세요.(아침인사)

你早! / 早安! / 早上好!

Nǐ zǎo / Zǎo'ān / Zǎoshang hǎo

니 자오 / 자오안 / 자오샹 하오

안녕하세요. (저녁인사)

晚上好!

Wǎnshang hǎo

완샹 하오

안녕히 주무세요.

晚安!

Wǎn'ān

완안

여러분, 안녕하세요.

大家好!

Dàjiā hǎo

따지아 하오

기본회화
중국
숙박
외출
관광
식사
방문
쇼핑
트러블

건강은 좋아지셨어요?
身体好了吗?
Shēntǐ hǎo le ma
션티 하오 러 마

괜찮습니다.
没事了。
Méishì le
메이스 러

💬

상대가 잘 지내는지 안부를 물어보려면 最近怎么样(Zuìjìn zěnmeyàng)? 또는 最近过得怎么样(Zuìjìn guò de zěnmeyàng)?과 같이 말합니다. 得(de)는 동사나 형용사 뒤에서 정도를 나타내는 정도보어를 연결해줍니다. 즉 '지내는 정도가 어떤가요?'라고 묻는 말입니다. 그밖에도 일이나 건강 등을 묻기도 하고 가족의 안부를 물어보기도 합니다.

요즘 어떻게 지내세요?

最近怎么样?

Zuìjìn zěnmeyàng
쭈이찐 전머양

잘 지내세요?

还好吗?

Háihǎo ma
하이하오 마

덕분에 잘 지내고 있습니다, 당신은요?

托您的福很好, 你呢?

Tuō nín de fú hěn hǎo, nǐ ne
투어 닌 더 푸 흐언 하오, 니 너

건강은 좋아지셨어요?

身体好了吗?

Shēntǐ hǎo le ma
션티 하오 러 마

일은 바쁘세요?

工作忙吗?

Gōngzuò máng ma
꽁주어 망 마

별 일 없으시지요?

没什么事吧?

Méi shénme shì ba
메이 션머 스 바

03 처음 만났을 때

제 소개를 먼저 하겠습니다.
我先自我介绍一下。
Wǒ xiān zìwǒjièshào yíxià
워 시엔 쯔워지에샤오 이시아

성은 김이고, 이름은 희선입니다.
我姓金，叫喜善。
Wǒ xìng Jīn, jiào Xīshàn
워 싱 찐, 쟈오 시산

좋아요.
好。
Hǎo
하오

뵙게 되어 반갑습니다.
认识你很高兴。
Rènshi nǐ hěn gāoxìng
런스 니 흐언 까오싱

다른 사람을 자신이 소개할 때는 먼저 我来介绍一下(Wǒ lái jièshào yíxià) 라고 합니다. 물론 사람 이외에 다른 대상이나 상황을 소개할 때도 이렇게 말할 수 있습니다. 사람을 소개할 때는 这是~(이쪽은 ~입니다) 또는 这位是~(이분은 ~이십니다)로 시작하는데 사람을 세는 양사를 선별적으로 사용해서 높임의 뜻을 나타내줍니다.

24

처음 뵙겠습니다.
初次见面。
Chūcì jiànmiàn
추츠 지엔미엔

뵙게 되어 반갑습니다.
认识你很高兴。
Rènshi nǐ hěn gāoxìng
런스 니 흐언 까오싱

말씀 많이 들었습니다.
久仰久仰。
Jiǔyǎng jiǔyǎng
지우양 지우양

만나서 반갑습니다.
见到你很高兴。
Jiàndào nǐ hěn gāoxìng
지엔따오 니 흐언 까오싱

이름이 어떻게 됩니까?
您贵姓?
Nín guìxìng
닌 꾸이싱

성은 김이고, 이름은 희선입니다.
我姓金，叫喜善。
Wǒ xìng Jīn, jiào Xīshàn
워 싱 찐, 쟈오 시샨

기본회화
중국
숙박
외출
관광
식사
방문
쇼핑
트러블

04 오랜만에 만났을 때

오랜만이네요.
好久不见了。
Hǎojiǔ bújiàn le
하오지우 부지엔 러

네, 잘 지냈어요?
是啊, 你还好吗?
Shì a, nǐ hái hǎo ma
스 아, 니 하이 하오 마

어떻게 지내세요?
过得怎么样?
Guò de zěnmeyàng
꾸어 더 전머양

여전하시군요.
你一点儿都没变啊。
Nǐ yìdiǎnr dōu méi biàn a
니 이디알 떠우 메이 비엔 아

오랜만에 아는 사람을 만났을 때 보통 好久不见了(Hǎojiǔ bújiàn le)라고 합니다. 이어서 그 동안의 건강을 물을 때는 您身体好吗(Nín shēntǐ hǎo ma)?라고 하며 이때 好는 '건강'의 의미로 사용됩니다. 다른 사람의 안부를 물을 때는 你爱人好吗(Nǐ àirén hǎo ma/부인은 안녕하시져요)?처럼 안부를 묻는 대상 다음에 好吗?를 붙여주면 됩니다.

오랜만입니다.
好久不见了。
Hǎojiǔ bújiàn le
하오지우 부지엔 러

오랜만이군요. 어떻게 지내세요?
好久不见，过得怎么样?
Hǎojiǔ bújiàn, guò de zěnmeyàng
하오지우 부지엔, 꾸어 더 전머양

안녕하세요. 다시 만나서 반갑습니다.
你好! 很高兴再次见到你。
Nǐhǎo! Hěn gāoxìng zàicì jiàndào nǐ
니하오! 흐언 까오씽 짜이츠 지엔따오 니

몇 년 만이죠?
有几年没见了?
Yǒu jǐnián méi jiàn le
여우 지니엔 메이 지엔 러

여전하시군요.
你一点儿都没变啊。
Nǐ yìdiǎnr dōu méi biàn a
니 이디알 떠우 메이 비엔 아

가족 모두 안녕하시지요?
你家里人都好吗?
Nǐ jiālirén dōu hǎo ma
니 지아리런 떠우 하오 마

27

아니, 이게 누구예요!
哟, 这是谁呀!
Yō, zhè shì shéi ya
요, 쩌 스 쉐이 야

어! 리우메이 맞죠?
呀! 是刘梅吧?
Yā! shì Líuméi ba
야! 스 리우메이 바

어떻게 여기에 왔어요?
你怎么到这儿来了?
Nǐ zěnme dào zhèr lai le
니 전머 따오 쩔 라이 러

'당신을 만나 반갑습니다'라고 반갑게 인사할 때 很高兴见到你(Hěn gāoxìng jiàn dào nǐ)라고 합니다. 계획하지 않았는데 우연히 만나게 됐을 때는 碰到(pèng dào) 혹은 遇到(yù dào)라고 합니다. 생각지도 못하게 사람을 만나 반갑게 인사할 때 真没想到在这儿遇到你(Zhēn méi xiǎngdào zài zhèr yùdào nǐ)라고 합니다.

만나서 반가워요.

很高兴见到你。

Hěn gāoxìng jiàndào nǐ

흐언 까오싱 지엔따오 니

아니, 이게 누구예요!

哟，这是谁呀!

Yō, zhè shì shéi a

요, 저 스 쉐이 아

세상 정말 좁군요.

这世界真是太小了。

Zhè shìjiè zhēnshì tài xiǎo le

쩌 스지에 전스 타이 샤오 러

여기서 만나다니 뜻밖이군요.

在这里碰到你，真是没想到。

Zài zhèli pèngdào nǐ, zhēn shì méi xiǎngdào

짜이 쩌리 펑따오 니, 쩐 스 메이 시앙따오

다시 뵐 거라고는 정말 생각도 못했어요.

真没想到能再见面!

Zhēn méi xiǎngdào néng zài jiànmiàn

쩐 메이 시앙따오 넝 짜이 지엔미엔

그렇지 않아도 뵙고 싶었었는데.

我正好想找你呢。

Wǒ zhènghǎo xiǎng zhǎo nǐ ne

워 쩡하오 시앙 자오 니 너

기본회화

국

숙박

외출

관광

식사

방문

쇼핑

트러블

29

06 헤어질 때

밥게 되어 저도 기쁩니다.
认识你我也很高兴。
Rènshi nǐ wǒ yě hěn gāoxìng
런스 니 워 이에 흐언 까오싱

안녕히 가세요.
再见。
Zàijiàn
짜이지엔

오늘 만나서 반가웠습니다.
很高兴今天认识你。
Hěn gāoxìng jīntiān rènshi nǐ
흐언 까오싱 찐티엔 런스 니

헤어질 때 가장 흔하게 쓰이는 인사말로는 再见(Zàijiàn)!가 있습니다. 매일 만나는 사람과 헤어질 때는 明天见(Míngtiān jiàn)!, 回头见(Huítóu jiàn)!처럼 다시 만날 시간 뒤에 '만나다'라는 뜻의 동사 见을 붙입니다. 젊은 사람들은 拜拜(bàibai)라고 인사하기도 합니다. 집에 찾아왔던 손님을 전송할 때는 보통 慢走(Mànzǒu)!라고 합니다.

안녕히 계세요(가세요).

再见!

Zàijiàn

짜이지엔

내일 봐요.

明天见。

Míngtiān jiàn

밍티엔 지엔

이따 봐요!

回头见!

Huítóu jiàn

후이터우 지엔

그럼, 다음에 뵙겠습니다.

那么，下回见。

Nàme, xiàhuí jiàn

나머, 시아후이 지엔

나중에 또 만납시다!

后会有期!

Hòuhuì yǒuqī

허우후이 여우치

잘 지내요!

保重!

Bǎozhòng

바오쫑

도와 주셔서 감사합니다.
谢谢你的帮助。
Xièxie nǐ de bāngzhù
시에시에 니 더 빵주

천만에요.
不客气。
bú kèqi
부 크어치

일반적으로 고마움을 표현할 때는 谢谢(Xièxie)!라고 합니다. 친한 사이라면 多谢(Duōxiè), 谢谢你(Xièxie nǐ)라고 하고, 강조할 때는 非常感谢!(Fēicháng gǎnxiè/대단히 감사합니다)라고 합니다. 谢谢你来接我(Xièxie nǐ lái jiē wǒ/마중 나와서 고맙습니다)처럼 谢谢 다음에 감사한 이유를 덧붙이면 '~해서 고마워요'의 뜻을 전하는 표현이 됩니다.

감사합니다.

谢谢。
Xièxie
시에시에

당신 덕분이에요, 고맙습니다.

托你的福，谢谢。
Tuō nǐ de fú, xièxie
투어 니 더 푸, 시에시에

대단히 감사합니다.

非常感谢。
Fēicháng gǎnxiè
페이창 간시에

도와 주셔서 감사합니다.

谢谢你的帮助。
Xièxie nǐ de bāngzhù
시에시에 니 더 빵주

천만에요.

不客气。
bú kèqi
부 크어치

별말씀을요.

哪里哪里。
Nǎli nǎli
나리 나리

08 미안할 때

오래 기다리게 해서 미안합니다.
对不起, 让你久等了。
Duìbuqǐ, ràng nǐ jiǔ děng le
뚜이부치, 랑 니 지우 덩 러

괜찮아요, 저도 방금 왔어요.
没关系, 我也刚到的。
Méi guānxi, wǒ yě gāng dào de
메이 꾸안시, 워 이에 깡 따오 더

상대방에게 실수하거나 잘못했을 때 우선 정중하게 사과를 하고 용서를 구하는 것이 도리입니다. 사과나 사죄를 할 때 对不起(Duìbuqǐ) 등의 표현 외에도 抱歉(Bàoqiàn), 过意不去(Guòyìbúqù), 不好意思(Bùhǎoyìsi) 등도 많이 쓰입니다. 그리고 상대에게 양해를 구할 때는 请您原谅(Qǐng nín yuánliàng/양해해 주십시오)라고 합니다.

34

미안합니다.
对不起。
Duìbuqǐ
뚜이부치

정말 미안합니다.
真不好意思。
Zhēn bùhǎoyìsi
쩐 뿌하오이쓰

죄송합니다.
很抱歉。
Hěn bàoqiàn
흐언 빠오치엔

용서해 주십시오.
请原谅我。
Qǐng yuánliàng wǒ
칭 위엔리앙 워

제가 잘못했습니다.
是我不对。
Shì wǒ búduì
스 워 부뚜이

괜찮습니다.
没关系。
Méi guānxi
메이 꾸안시

기본회화

귀국

숙박

외출

관광

식사

방문

 쇼핑

 트러블

35

취엽을 축하드립니다.

恭喜你找到工作了。

Gōngxǐ nǐ zhǎodào gōngzuò le

꽁시 니 자오따오 꽁쭈어 러

고마워요.

谢谢。

Xièxie

시에시에

祝(zhù)는 '축하(祝贺zhùhè)한다'는 의미와 '~하기를 기원한다(祝愿zhùyuàn)'라는 의미를 나타냅니다. 따라서 문장 앞에 祝(zhù)를 붙이면 축원하는 의미의 문장이 됩니다. 상대방에게 축하할 일이 있거나 헤어질 때 이런 축원의 뜻이 담긴 말을 전합니다. 또 설이나 생일 등 명절이나 기념일에도 덕담의 의미가 담긴 축하의 말을 주고받습니다.

축하드립니다.

祝贺你。

Zhùhè nǐ
쭈흐어 니

축하합니다.

恭喜。 / 恭喜恭喜。

Gōngxǐ　　　Gōngxǐ gōngxǐ
꽁시　　　　꽁시 꽁시

저도 축하드립니다.

同喜，同喜!

Tóngxǐ, tóngxǐ
통시, 통시

생일 축하합니다.

祝你生日快乐。

Zhù nǐ shēngrì kuàilè
쭈 니 셩르 콰이러

졸업을 축하합니다.

恭喜你毕业了。

Gōngxǐ nǐ bìyè le
꽁시 니 삐이에 러

취업을 축하드립니다.

恭喜你找到工作了。

Gōngxǐ nǐ zhǎodào gōngzuò le
꽁시 니 자오따오 꽁쭈어 러

---

10 환영할 때

안녕하세요, 처음 뵙겠습니다.
你们好, 初次见面。
Nǐmen hǎo, chūcì jiànmiàn
니먼 하오, 추츠 지엔미엔

어서 오세요, 들어오세요.
欢迎欢迎, 快请进。
Huānyíng huānyíng, kuài qǐng jìn
후안잉 후안잉, 콰이 칭 찐

와 주셔서 감사합니다.
谢谢您的光临。
Xièxie nín de guānglín
시에시에 닌 더 구앙린

음식점이나 상점에 들어가면 직원들이 欢迎光临(Huānyíng guānglín)!이라고 인사하는데 '어서 오세요'의 뜻입니다. 집을 방문한 손님에게도 같은 표현을 쓸 수 있는데 이때는 '환영합니다'라는 뜻의 欢迎(huānyíng)을 반복해서 欢迎欢迎(Huānyíng huānyíng)!이라고 하며, 또 문장 앞에 欢迎(huānyíng)을 덧붙이면 '~한 것을 환영합니다'라는 의미가 됩니다.

환영합니다!

欢迎欢迎!

Huānyíng huānyíng

후안잉 후안잉

어서오세요!

欢迎光临!

Huānyíng guānglín

후안잉 구앙린

와 주셔서 감사합니다.

谢谢您的光临。

Xièxie nín de guānglín

시에시에 닌 더 구앙린

박수로 환영합니다.

我们鼓掌欢迎。

Wǒmen gǔzhǎng huānyíng

워먼 구장 후안잉

한국에 오신 것을 환영합니다.

欢迎你来韩国访问。

Huānyíng nǐ lái Hánguó fǎngwèn

후안잉 니 라이 한구어 팡원

다음에 또 오세요!

欢迎下次再来!

Huānyíng xiàcì zài lái

후안잉 시아츠 짜이 라이

11 사람을 부르거나 말을 걸 때

저, 잠깐만요.
哦, 我说。
Ó, wǒ shuō
어, 워 수어

이거 떨어뜨리신 것 같아요.
这个好像掉了。
Zhège hǎoxiàng diào le
쩌거, 하오시앙 댜오 러

어머, 너무 고마워요.
哎呀, 谢谢。
Āiya, xièxie
아이야, 시에시에

상대에 대해 호칭을 적절하게 사용하지 못할 경우 결례가 될 뿐만 아니라 기분을 상하게 하므로 주의를 기울여야 합니다. 중국에서는 일반적으로 사람을 호칭할 때 남성은 先生(xiānshēng), 여성은 小姐(xiǎojiě)라고 합니다. 만일 상대가 결혼한 여성이라면 그 여성의 성 뒤에 女士(nǚshì) 혹은 夫人(fūrén)을 붙이거나, 남편의 성 뒤에 太太(tàitài)를 붙여서 호칭해도 됩니다.

어떻게 불러야 하나요?

不知该怎么称呼?

Bùzhī gāi zěnme chēnghū

뿌즈 까이 전머 청후

여보세요!

喂!

Wèi

웨이

저, 잠깐만요.

哦，我说。

Ó, wǒ shuō

어, 워 수어

이야기 좀 할 수 있을까요?

我能跟你谈谈吗?

Wǒ néng gēn nǐ tántan ma

워 넝 껀 니 탄탄 마

드릴 말씀이 있는데요.

我有话跟你说。

Wǒ yǒu huà gēn nǐ shuō

워 여우 후아 껀 니 수어

잠깐 이야기 좀 할까요?

我们俩谈谈?

Wǒmen liǎ tántan

워먼 리아 탄탄

12 되물을 때

무슨 소리에요?
你说什么?
Nǐ shuō shénme
니 수어 션머

아이, 내일 만나자고 말했잖아요!
啊, 不是说明天见嘛!
Ā, búshì shuō míngtiān jiàn ma
아, 부스 수어 밍티엔 지엔 마

상대의 말을 못 들었거나 이해하지 못해서 다시 한 번 말해달라고 요구할 때는
请你再说一遍(Qǐng nǐ zài shuō yíbiàn)이라고 합니다. 어느 정도 중국어를 배
웠어도 실제 중국에 가서 부딪치면 사람들이 말하는 속도도 빠르고 또 儿化韵
현상이나 지방 사투리가 다양해서 귀에 잘 들어오지 않을 수 있습니다. 이럴 때
는 망설이지 말고 확실하게 되물어봅시다.

무슨 소리에요?

你说什么?

Nǐ shuō shénme

니 수어 션머

방금 뭐라고 하셨어요?

刚才你说什么了?

Gāngcái nǐ shuō shénme le

깡차이 니 수어 션머 러

말씀하신 게 무슨 뜻인가요?

你说的是什么意思?

Nǐ shuō de shì shénme yìsi

니 수어 더 스 션머 이쓰

다시 한 번 말씀해 주십시오.

请再说一次吧。

Qǐng zài shuō yícì ba

칭 짜이 수어 이츠 바

미안합니다, 잘 못 들었어요.

对不起，我没听清楚。

Duìbuqǐ, wǒ méi tīng qīngchu

뚜이부치, 워 메이 팅 칭추

천천히 말씀해주시죠.

请你慢一点儿说。

Qǐng nǐ màn yìdiǎnr shuō

칭 니 만 이디알 수어

13 질문할 때

실례합니다. 말씀 좀 여쭙겠습니다.
对不起，请问一下。
Duìbuqǐ, qǐngwèn yíxià
뚜이부치, 칭원 이시아

무슨 일이십니까?
什么事儿?
Shénme shìr
션머 셜

낯선 곳에서 모르는 사람에게 뭔가를 물을 때는 请问一下(Qǐngwèn yíxià/ 말 좀 물읍시다)라고 합니다. 또한 의문점이 생기면 사용되는 말은 묻는 주제에 따라 다릅니다. 이유를 물을 때는 为什么(wéishénme), 방법을 물을 때는 怎么(zěnme), 정도를 물을 때는 多么(duōme), 때를 물을 때는 什么时候 (shénmeshíhòu), 방향이나 장소를 물을 때는 哪儿(nǎr) 등을 사용합니다.

말씀 좀 물을게요.
请问一下。
Qǐngwèn yíxià
칭원 이시아

질문 하나 있습니다.
我有一个问题。
Wǒ yǒu yígè wèntí
워 여우 이꺼 원티

이것은 중국어로 뭐라고 하죠?
请问这个中文怎么说?
Qǐngwèn zhège zhōngwén zěnme shuō
칭원 쩌거 쭝원 전머 수어

누구한테 물어봐야 되죠?
不知应该问哪位?
Bùzhī yīnggāi wèn nǎ wèi
뿌즈 잉까이 원 나 웨이

말하지 않겠어요.
我不回答。
Wǒ bù huídá
워 뿌 후이다

모르겠어요.
这我不知道。
Zhè wǒ bùzhīdào
쩌 워 뿌즈따오

기본회화

국

숙박

외출

관광

식사

방문

쇼핑

트러블

45

14 부탁할 때

저 좀 도와주시겠어요?
请帮我一个忙, 可以吗?
Qǐng bāng wǒ yígè máng, kěyǐ ma
칭 빵 워 이꺼 망, 크어이 마

네, 무슨 일이죠?
可以, 什么事儿?
Kěyǐ, shénme shìr
크어이, 션머 셜

문장 앞에 请(qǐng)을 붙이면 부탁의 의미나 공경의 의미를 표현합니다. 해석
하면 '~하세요, ~해주세요'의 의미가 됩니다. 부탁이나 의뢰를 할 때는 문장 마
지막에 行吗(xíng ma)?, 好吗(hǎo ma)?, 可以吗(kěyǐ ma)?와 같이 상대방의
의향을 물어보는 말을 덧붙입니다. 또, 麻烦你(máfan nǐ), 劳驾(láojià), 请问
(qǐngwèn)과 같은 말을 먼저 건네는 것도 좋습니다.

잘 부탁드립니다.

多多拜托您!

Duōduo bàituō nín

뚜어두어 빠이투어 닌

부탁 하나 드려도 될까요?

我想拜托你一件事，行吗?

Wǒ xiǎng bàituō nǐ yíjiàn shì, xíng ma

워 시앙 빠이투어 니 이지엔 스, 싱 마

앞으로 많이 봐 주십시오.

以后请您多多关照。

Yǐhòu qǐng nín duōduo guānzhào

이허우 칭 닌 뚜어두어 꾸안짜오

좀 부탁드릴 일이 있는데요.

我有事想拜托你。

Wǒ yǒu shì xiǎng bàituō nǐ

워 여우 스 시앙 빠이투어 니

저를 도와주시겠습니까?

你能帮我吗?

Nǐ néng bāng wǒ ma

니 넝 빵 워 마

당신의 도움이 필요합니다.

我需要你的帮助。

Wǒ xūyào nǐ de bāngzhù

워 쉬야오 니 더 빵주

---

15 부탁에 응답할 때

한 가지 부탁해도 될까요?
我想拜托你一件事，行吗?
Wǒ xiǎng bàituō nǐ yíjiàn shì, xíng ma
워 시앙 빠이투어 니 이지엔 스, 시앙 마

미안해요, 제가 지금 너무 바쁘네요.
不好意思，我现在太忙了。
Bùhǎo yìsi, wǒ xiànzài tài máng le
뿌하오 이쓰, 워 시엔짜이 타이 망 러

부탁을 수락하는 경우 쉽게 쓸 수 있는 말은 好(hǎo), 没问题 (méiwèntí), 可以(kěyǐ) 등이 있습니다. 하지만 중국인이 부탁에 好(hǎo)라고 했다고 무조건 수락했다고 생각하면 곤란합니다. 상황에 따라 '알았다'라는 의미로 해석할 수도 있기 때문에 好, 让我们考虑一下吧(hǎo, ràng wǒmen kǎolǜ yíxià ba)라고 했다면 '알았어요, 한번 고려해보죠'라는 의미로 받아들이면 됩니다.

좋습니다.
好。
Hǎo
하오

물론 되죠.
当然可以。
Dāngrán kěyǐ
땅란 크어이

문제없어요.
没问题。
Méi wèntí
메이 원티

아무래도 안 되겠는데요.
这恐怕不行。
Zhè kǒngpà bùxíng
쩌 콩파 뿌싱

생각해보죠.
让我考虑一下。
Ràng wǒ kǎolǜ yíxià
랑 워 카오뤼 이시아

다음에 얘기합시다.
改天再说吧。
Gǎitiān zài shuō ba
가이티엔 짜이 수어 바

16 동의를 구하고 답할 때

책상 옮기는 것 좀 도와줄래요?
可以帮我搬桌子吗?
Kěyǐ bāng wǒ bān zhuōzi ma
크어이 빵 워 빤 주어즈 마

아, 물론이지.
啊, 当然了。
Ā, dāngrán le
아, 땅란 러

💬

상대방의 동의를 구할 때 怎么样(Zěnmeyàng)이라고 묻습니다. 이때 중국인 들은 '좋다'라는 표현인 好的(hǎode)를 연발합니다. 만일 중국인과 어떤 비즈 니스를 할 경우에 이 말만 믿고 모든 일이 잘된 줄 알고 있다가는 크게 낭패 를 보게 됩니다. 중국인은 입버릇처럼 하는 말이기 때문입니다. 부정할 때는 不是 (búshì)나 没有(méiyǒu)를 많이 사용합니다.

당신도 내 생각과 같습니까?

你的想法也跟我一样吗?

Nǐ de xiǎngfǎ yě gēn wǒ yíyàng ma

니 더 시앙파 이에 껀 워 이양 마

어떻습니까?

怎么样?

Zěnmeyàng

전머양

동감입니다.

我也有同感。

Wǒ yě yǒu tónggǎn

워 이에 여우 통간

다른 의견은 없습니다.

我没有别的意见。

Wǒ méiyǒu biéde yìjiàn

워 메이여우 비에더 이지엔

전적으로 동의합니다.

我完全同意。

Wǒ wánquán tóngyì

워 완취엔 통이

저는 동의할 수 없습니다.

我不能同意。

Wǒ bùnéng tóngyì

워 뿌넝 통이

기본회화

한국

숙박

외출

관광

식사

방문

쇼핑

트러블

17 허락과 양해를 구할 때

예, 가져가세요.
是的, 拿去吧。
Shì de, ná qù ba
스 더, 나 취 바

이걸 가져가도 될까요?
这个可以拿走吗?
Zhège kěyǐ názǒu ma
쩌거, 크어이 나저우 마

상대방의 부탁이나 의견을 받아들일 때는 行(xíng), 可以(kěyǐ), 我同意(wǒ tóngyì), 好吧(hǎoba)라고 하면 됩니다. 만일 적극적으로 받아들일 때는 当然 可以(dāngrán kěyǐ), 没问题(méi wèntí)라고 합니다. 반대로 거절을 하거나 받아들일 수 없을 때는 对不起(duìbuqǐ), 不好意思(bùhǎoyìsi), 真遗憾(zhēn yíhàn) 등으로 미안함이나 유감의 뜻을 나타냅니다.

모르면 대략난감 Best Expressions

이렇게 하면 되나요?

这样做，就行吗?
Zhèyàng zuò, jiù xíng ma
쩌양 쭈어, 지우 싱 마

제가 들어가도 될까요?

我可以进去吗?
Wǒ kěyǐ jìnqù ma
워 크어이 찐취 마

좌석을 바꿔 앉아도 되나요?

可不可以换座位?
Kě bù kěyǐ huàn zuòwèi
크어 뿌 크어이 후안 쭈어웨이

실례합니다.

对不起了。
Duìbuqǐ le
뚜이부치 러

잠깐 실례해도 될까요?

我可以打扰你一下吗?
Wǒ kěyǐ dǎráo nǐ yíxià ma
워 크어이 다라오 니 이시아 마

이만 실례할게요.

我马上要回去了!
Wǒ mǎshàng yào huíqù le
워 마샹 야오 후이취 러

기본회화

중국

숙박

외출

관광

식사

방문

쇼핑

트러블

53

알아두면 금상첨화 **Bonus Expressions**

👉 여행에 도움이 되는 짧은 표현

실례합니다.	不好意思。 뿌하오 이쓰
부탁합니다.	拜托您。 빠이투어 닌
저를 좀 도와주세요.	请帮帮我。 칭 빵방 워
먼저 하세요.	您先来。 닌 시엔 라이
먼저 들어가세요.	请先进去。 칭 시엔 찐취
수고 많으셨어요.	辛苦了。 신쿠 러
저기요.	前面那位。 치엔미엔 나 웨이
무슨 일이세요?	有什么事吗? 여우 션머 스 마
잠깐만요.	喂! 웨이
이건 뭐예요?	这是什么? 쩌 스 션머
이건 무슨 뜻이에요?	这是什么意思? 쩌 스 션머 이쓰
시간이 얼마나 걸려요?	多长时间? 뚜어 창 스지엔
글쎄요.	怎么说呢。 전머 수어 너
무슨 문제가 있나요?	有什么问题吗? 여우 션머 원티 마
날씨는 어때요?	天气怎么样? 티엔치 전머양
잘 모르겠어요.	不太清楚。 부 타이 칭추

Part 2

출국

에어컨
空调
콩탸오

선반
架子
지아즈

조명
照明灯
자오밍떵

창
窗
추앙

좌석
座位
쭈어웨이

스튜어디스
空姐
콩지에

구명동의
救生衣
저우셩이

통로
通路
통루

▷ 표시

系上安全带 안전벨트 착용
请勿吸烟 금연
安全出口 비상구

스튜어디스를 부를 때는
"喂(웨이)!"
라고 합시다.

공항에서 출국심사를 마치고 이제 비행기를 탑승하면 우리나라 영토를 떠나게 되는 셈입니다. 국제선의 기내는 그 항공사가 소속하는 나라의 영토 취급을 하기 때문입니다. 우리나라에서 출발하는 외국 항공회사의 기내에는 대부분 우리나라 승무원이 있어서 말이 통하지 않아 불편한 점은 그다지 많지 않습니다. 물론 우리나라 비행기를 타면 외국어가 필요 없지만...

(탑승권을 보이며) 제 자리는 어디인가요?

请问我的座位在哪里?

Qǐngwèn wǒ de zuòwèi zài nǎlǐ

칭원 워 더 쭈어웨이 짜이 나리

이 짐은 어디에 두는 것이 좋죠?

这件行李放哪儿好呢?

Zhè jiàn xíngli fàng nǎr hǎo ne

쩌 지엔 싱리 팡 날 하오 너

좌석을 바꿔 앉아도 될까요?

可不可以换座位?

Kě bù kěyǐ huàn zuòwèi

크어 뿌 크어이 후안 쭈어웨이

음료수는 어떤 것들이 있죠?

有什么饮料?

Yǒu shénme yǐnliào

여우 션머 인랴오

몸이 좀 안 좋은데요.

我有点不舒服。

Wǒ yǒudiǎn bù shūfú

워 여우디엔 뿌 수푸

입국신고카드 한 장 주세요.

请给我一张入境登记卡。

Qǐng gěi wǒ yīzhāng rùjìng dēngjì kǎ

칭 게이 워 이장 루찡 떵지 카

---

02 기내에서 식사

_____을 주세요.
请给我 _____。
Qǐng gěi wǒ
칭 게이 워

콜라
可乐
크어러

맥주
啤酒
피지우

오렌지주스
橙汁
청쯔

녹차
绿茶
뤼차

커피
咖啡
카페이

신문
报纸
빠오즈

모포
毛毯
마오탄

베개
枕头
전터우

(한국의) 잡지
(韩国语)杂志
(한구어위) 자쯔

💬

기내식은 机内便餐(jīnèibiàncān)이라고 합니다. 간단한 주문 표현을 익혀서 맛있는 기내식을 먹어봅시다. 비행 거리나 항공사에 따라 기내식이 제공되지 않는 경우도 있으므로 기내식이 제공되는지를 물어볼 때는 有没有机内便餐(Yǒu méi yǒu jīnèibiàncān?)라고 합니다. 커피 한 잔 마시고 싶을 때는 请来一杯咖啡(Qǐng lái yìbēi kāfēi)라고 해보십시오.

뭐 좀 마시겠습니까?

您想喝点儿什么?

Nǐn xiǎng hē diǎnr shéme

닌 시앙 흐어 디알 션머

커피 한 잔 주세요.

请来一杯咖啡。

Qǐng lái yìbēi kāfēi

칭 라이 이뻬이 카페이

저기요. 맥주 한 잔 더 주세요.

小姐，请再给我一杯啤酒。

Xiǎojiě，qǐng zài gěi wǒ yìbēi píjiǔ

샤오지에, 칭 짜이 게이 워 이뻬이 피지우

식사는 마치셨습니까?

您的餐用完了吗?

Nín de cān yòng wán le ma

닌 더 찬 용 완 러 마

미안해요, 마실 게 좀 필요한데요.

麻烦你，我想要杯饮料。

Máfan nǐ，wǒ xiǎng yào bēi yǐnliào

마판 니, 워 시앙 야오 뻬이 인랴오

이어폰이 고장 났는데요.

我的耳几是坏的。

Wǒ de ěrjǐ shì huài de

워 더 얼지 스 화이 더

03 여객선에서

매점은 어디에 있나요?
商店在哪儿?
Shāngdiàn zài nǎr
샹디엔 짜이 날

식당 입구에 있습니다.
在餐厅门口。
Zài cāntīng ménkǒu
짜이 찬팅 먼커우

요즘은 중국여행을 할 때 선박보다는 비행기를 이용하는 경우가 많습니다. 비용도 크게 차이가 나지 않을 뿐더러 시간이 훨씬 빠르기 때문입니다. 그러나 화물이 많거나 중국에 자주 다닐 경우에는 선박을 이용하는 게 도움이 될 수 있습니다. 또한 시간적인 여유가 있으면 배에서 잠을 잘 수도 있고, 배 안에는 식당과 편의점 등 여러가지 부대시설이 있어 편리한 점도 많습니다.

여객선은 몇 시에 출발하죠?

客轮几点出发?

Kèlún jǐdiǎn chūfā

크어룬 지디엔 추파

몇 번 부두에서 배를 타죠?

在几号码头上船?

Zài jǐ hào mǎtóu shàng chuán

짜이 지 하오 마터우 샹 추안

이 선실은 어디에 있어요?

这个船舱在哪儿?

Zhège chuáncāng zài nǎr

쩌거 추안창 짜이 날

배에 식당이 있나요?

船上有餐厅吗?

Chuán shàng yǒu cāntīng ma

추안 샹 여우 찬팅 마

뱃멀미를 하는데, 약 있어요?

我有点晕船，有没有药?

Wǒ yǒu diǎn yūn chuán, yǒu méi yǒu yào

워 여우 디엔 윈 추안, 여우 메이 여우 야오

구명조끼는 어디에 있죠?

救生服在哪里?

Jiùshēngfú zài nǎlǐ

지우셩푸 짜이 나리

---

04 입국심사

입국 목적은 무엇입니까?
入境目的是什么?
Rùjìng mùdì shì shénme
루찡 무띠 스 션머

관광입니다.
旅游。
Lǚyóu
뤼여우

어디에 머무실 예정입니까?
您打算住在哪里?
Nín dǎsuàn zhùzài nǎlǐ
닌 다쑤안 주짜이 나리

_____ 호텔입니다.
_____ 饭店。
fàndiàn
판디엔

좋은 여행 되세요.
祝你旅途愉快。
Zhù nǐ lǚtú yúkuài
쭈 니 뤼투 위콰이

감사합니다.
谢谢。
Xièxie
시에시에

입국심사를 받을 때 외국인(外国人)이라고 쓴 카운터에 줄을 서서 기다리고 차례가 되면 여권과 입국카드를 제시하고 입국심사를 받습니다. 이때 기내에서 작성한 입국카드와 여권을 심사관에게 보이면 되는데 응답은 대개 정해져 있으므로 침착하고 정직하게 답변을 하면 됩니다. 특별히 의심나는 점이 없으면 비자에 입국허가 스탬프를 찍어 줍니다.

여권을 보여주십시오.

请出示您的护照。

Qǐng chūshì nín de hùzhào

칭 추스 닌 더 후자오

입국신고서를 적어주세요.

请填入境登记卡。

Qǐng tián rùjìng dēngjìkǎ

칭 티엔 루찡 떵지카

입국 목적은 무엇입니까?

入境目的是什么?

Rùjìng mùdì shì shénme

루찡 무띠 스 션머

며칠 계실 겁니까?

打算逗留几天?

Dǎsuàn dòuliú jǐtiān

다쑤안 떠우리우 지티엔

어디에 머무실 예정입니까?

您打算住在哪里?

Nín dǎsuàn zhùzài nǎlǐ

닌 다쑤안 주짜이 나리

아직 정하지 않았습니다.

还没有决定。

Hái méiyǒu juédìng

하이 메이여우 쥐에띵

기본 / 출국 / 숙박 / 외출 / 관광 / 식사 / 방문 / 쇼핑 / 트러블

짐의 특징을 알려 주세요.
请说一下行李的特征。
Qǐng shuō yíxià xínglǐ de tèzhēng
칭 수어 이시아 싱리 더 트어정

대형 여행가방이고요. 청색입니다.
那是大型旅行包。是蓝色。
Nà shì dàxíng lǚxíngbāo. Shì lánsè
나 스 따싱 뤼싱빠오. 스 란써

입국심사가 끝나면 짐을 찾게 되는데 여행가방은 대개 비슷한 것이 많아 자칫하면 다른 사람의 가방을 가지고 나오게 되는 경우가 있고 그래서 분실위험도 높습니다. 여행용 가방은 자신만의 특별한 표시를 해놓는 것이 좋습니다. 만약 수화물을 분실했을 때는 수화물 수취증과 항공권, 여권을 가지고 공항 화물분실신고 카운터에 가서 신고합니다.

짐은 어디서 찾죠?

在哪儿取行李?

Zài nǎr qǔ xíngli

짜이 날 취 싱리

제 짐이 도착했는지를 봐주세요.

帮我看一下我的行李到没到。

Bāng wǒ kàn yíxià wǒ de xíngli dào méi dào

빵 워 칸 이시아 워 더 싱리 따오 메이 따오

수화물 하나가 모자란데요.

托运的行李少了一件。

Tuōyùn de xíngli shǎo le yíjiàn

투어윈 더 싱리 샤오 러 이지엔

이 트렁크는 제 것인데요.

这个皮箱是我的。

Zhège píxiāng shì wǒ de

쩌거 피시앙 스 워 더

제 짐이 안 보이는데요.

我的行李不见了。

Wǒ de xíngli bújiàn le

워 더 싱리 부지엔 러

짐을 찾으면 어디로 보내 드릴까요?

找到行李后，送到什么地方?

Zhǎodào xíngli hòu, sòngdào shénme dìfāng

자오따오 싱리 허우, 쏭따오 션머 띠팡

---

06 세관을 통과할 때

가방을 열어주세요.
可以打开你的包吗?
Kěyǐ dǎkāi nǐ de bāo ma
크어이 다카이 니 더 빠오 마

이것은 _____ 입니다. (세관원에게)
这是_____。
Zhè shì
쩌 스

제가 사용할 것
我用的
워 용 더

친구에게 줄 선물
给朋友的礼物
게이 펑여우 더 리우

라면
方便面
팡비엔미엔

김치
泡菜
파오차이

턴테이블에서 자신의 수화물을 다 찾은 후에는 세관검사대 앞으로 가서 담당자에게 자신의 짐과 여권을 건네줍니다. 배낭을 든 여행자의 경우에는 대부분 그냥 통과할 수 있으며, 요즘은 짐이 있더라도 세관신고 때 짐을 열어보는 경우는 거의 없습니다. 그러나 과세 대상의 물품을 신고하지 않았다가 적발될 경우에는 압류를 당하거나 무거운 벌금을 물게 되므로 주의합니다.

신고할 물품이 있습니까?

您有要申报的物品吗?

Nín yǒu yào shēnbào de wùpǐn ma

닌 여우 야오 션빠오 더 우핀 마

특별한 것은 없습니다.

没什么特别的。

Méi shénme tèbié de

메이 션머 트어비에 더

이런 물건도 신고해야 하나요?

这种物品也需要申报吗?

Zhèzhǒng wùpǐn yě xūyào shēnbào ma

쩌종 우핀 이에 쉬야오 션빠오 마

가방을 열어 주세요.

请打开这个包。

Qǐng dǎkāi zhège bāo

칭 다카이 쩌거 빠오

짐을 펼쳐주시겠어요?

请把行李打开给我看看。

Qǐng bǎ xíngli dǎkāi gěi wǒ kànkan

칭 바 싱리 다카이 게이 워 칸칸

일용품과 선물입니다.

这是日用品和礼品。

Zhè shì rìyòngpǐn hé lǐpǐn

쩌 스 르용핀 흐어 리핀

기본

출국

숙박

외출

관광

식사

방문

쇼핑

트러블

67

어디서 환전할 수 있나요?
哪里可以兑换钱?
Nǎlǐ kěyǐ duìhuàn qián
나리 크어이 뚜이후안 치엔

환전소
兑换处
뚜이후안추

저기 버스정류소 옆에 있습니다.
在公交车站旁边。
Zài gōngjiāo chēzhàn pángbiān
짜이 꽁쟈오 처잔 팡비엔

목적지 공항에 도착을 하면 호텔로 가거나 할 때 잔돈이 필요합니다. 한국에서 떠날 때 환전을 해가지고 가면 문제가 없지만 목적지에 가서 환전을 할 경우 잔돈을 다양하게 바꾸는 것이 사용하기에 유용합니다. 만약 출국 전에 환전하지 못 했을 경우에는 대부분의 중국 국제공항에는 환전소가 있으므로 문제가 없습니다. 참고로 중국은 우리나라보다 환전수수료가 비싼 편입니다.

어디서 외화를 환전할 수 있나요?

在哪儿可以兑换外汇?

Zài nǎr kěyǐ duìhuàn wàihuì

짜이 날 크어이 뚜이후안 와이후이

여기서 환전할 수 있나요?

这里可以换钱吗?

Zhèli kěyǐ huànqián ma

쩌리 크어이 후안치엔 마

인민폐 1원은 한국돈 얼마인가요?

一元人民币是多少韩币?

Yīyuán rénmínbì shì duōshǎo hánbì

이위엔 런민삐 스 뚜어샤오 한삐

잔돈으로 좀 바꾸고 싶은데요.

我想换点零钱。

Wǒ xiǎng huàn diǎn língqián

워 시앙 후안 디엔 링치엔

저기요, 면세점이 어디에 있죠?

请问, 免税店在哪儿?

Qǐngwèn, miǎnshuìdiàn zài nǎr

칭원, 미엔수이디엔 짜이 날

몇 가지 선물을 사고 싶은데요.

我想买些礼品。

Wǒ xiǎng mǎi xiē lǐpǐn

워 시앙 마이 시에 리핀

기본

출국

숙박

외출

관광

식사

방문

쇼핑

트러블

_____은 어딘가요?

_____在哪里?
zài nalǐ
짜이 나리

화장실
洗手间
시셔우지엔

안내소
服务台
푸우타이

렌터카
租车
쭈처

리무진 타는 곳
机场巴士车站
지창빠쓰 처잔

택시 타는 곳
出租车站
추쭈처잔

공항안내소에는 여행객들을 위해 여행정보를 친절하게 안내해주고 있습니다. 여행지의 정보가 미흡한 사람은 이곳에서 안내를 받고 움직이는 것이 상당한 도움이 될 것입니다. 공항안내소에는 무료 지도, 관광 가이드나 호텔 가이드 등의 팸플릿이 준비되어 있습니다. 시내의 교통수단이나 호텔이 위치한 장소나 택시 요금 등 필요한 정보도 얻을 수 있습니다.

모르면 대략난감 **Best Expressions**

기본

✈ 출국

🧳 숙박

🚶 외출

🍜 관광

🍴 식사

🚶 방문

🛍 쇼핑

🧳 트러블

여행 안내소는 어디에 있나요?

请问，旅行问讯处在哪儿?

Qǐngwèn, lǚxíng wènxùnchù zài nǎr

칭원, 뤼싱 원쉰추 짜이 날

시내로 가는 셔틀 버스가 있나요?

有进市内的班车吗?

Yǒu jìn shìnèi de bānchē ma

여우 찐 스네이 더 빤처 마

버스정류소는 어디에 있죠?

公共汽车站在哪儿?

Gōnggòngqìchēzhàn zài nǎr

꽁꽁치처잔 짜이 날

베이징 호텔은 어떻게 가죠?

去北京饭店怎么走?

Qù Běijīng fàndiàn zěnme zǒu

취 베이찡 판디엔 전머 저우

시내 지도를 한 장 주세요.

请给我一份市内地图。

Qǐng gěi wǒ yífèn shìnèi dìtú

칭 게이 워 이펀 스네이 띠투

호텔까지 시간이 얼마나 걸리나요?

到饭店需要多长时间?

Dào fàndiàn xūyào duōcháng shíjiān

따오 판디엔 쉬야오 뚜어창 스지엔

---

09 공항에서 시내로

짐을 버스정류소까지 옮겨 주세요.
请把行李搬到公交车站。
Qǐng bǎ xínglǐ bān dào gōngjiāo chēzhàn
칭 바 싱리 빤 따오 꽁쟈오 처쟌

_____로 가 주세요.
请到_____去。
Qǐng dào   qù
칭 따오   취

얼마입니까?
多少钱?
Duōshao qián
뚜어샤오 치엔

잔돈은 됐습니다. 고마워요.
不用找钱了。谢谢。
Bùyòng zhǎoqián le. Xièxie
뿌용 쟈오치엔 러. 시에시에

공항에서 세관검사가 끝나면 자신의 수화물을 가지고 나오는데 부피가 크거나 무거우면 공항 내에서 짐을 나를 때 쓰는 카트를 이용할 수 있습니다. 일부 공항에서는 카트 사용이 유료이므로 주의해야 합니다. 공항에서 시내까지 가려면 택시를 이용할 수도 있고 호텔 셔틀버스를 이용할 수도 있습니다. 호텔 셔틀버스를 이용할 경우 미리 호텔 카운터에 문의해 두는 것이 좋습니다.

카트는 어디서 빌리죠?

在哪儿能借手推车?

Zài nǎr néng jiè shǒutuīchē

짜이 날 넝 지에 셔우투이처

이 짐만 옮겨 주세요.

请把行李托运一下。

Qǐng bǎ xínglǐ tuōyùn yīxià

칭 빠 싱리 투어윈 이시아

택시 승강장은 어디에 있나요?

出租汽车站在哪儿?

Chūzūqìchēzhàn zài nǎr

추쭈치처잔 짜이 날

베이징 호텔까지 가 주세요.

请送我到北京饭店。

Qǐng sòng wǒ dào Běijīng fàndiàn

칭 쏭 워 따오 베이찡 판디엔

공항 버스는 어디서 타죠?

在哪儿坐民航班车?

Zài nǎr zuò mínháng bānchē

짜이 날 쭈어 민항 빤처

표는 얼마예요?

票价是多少钱?

Piàojià shì duōshǎo qián

퍄오지아 스 뚜어샤오 치엔

기본

✈ 출국

숙박

외출

관광

식사

방문

쇼핑

트러블

10 귀국 비행기 예약

예약을 좀 확인하고 싶은데요.
我想确认一下机票。
Wǒ xiǎng quèrèn yíxià jīpiào
워 시앙 취에런 이시아 지퍄오

5월 14일 234편 인천 행입니다.
是5月14号。234次航班往仁川。
Shì wǔ yuè shísì hào. Èr sān sì cì hángbān wǎng Rénchuān
스 우 위에 스쓰 하오. 얼 싼 쓰 츠 항빤 왕 런추안

두 명입니다.
是两个人。
Shì liǎng gè rén
스 리앙 꺼 런

이름은 _____ 입니다.
我叫_____
Wǒ jiào
워 쟈오

확인이 되었습니다.
确认好了。
Quèrèn hǎo le
취에런 하오 러

여행을 할 때 대부분 왕복으로 비행기표를 구입하므로 예약을 확인할 필요가 없지만, 장기간 있을 경우에는 귀국한 날이 정해지면 미리 좌석을 예약해 두어야 합니다. 또 예약을 해 두었을 경우에는 출발 예정 시간의 72시간 이전에 전화로 이름, 연락 전화번호, 편명, 행선지를 말하면 됩니다. 예약 재확인을 안 하면 예약이 취소되는 경우도 있으므로 주의해야 합니다.

예약을 좀 확인하고 싶은데요.

我想确认一下机票。

Wǒ xiǎng quèrèn yíxià jīpiào

워 시앙 취에런 이시아 지퍄오

저는 김성호라고 합니다.

我叫金成浩。

Wǒ jiào Jīn Chénghào

워 쟈오 찐 청하오

항공편을 변경하고 싶은데요.

我想改航班。

Wǒ xiǎng gǎi hángbān

워 시앙 가이 항빤

더 일찍 떠나는 비행편에 빈자리는 있습니까?

再早点的航班有空座吗?

Zài zǎodiǎn de hángbān yǒu kòngzuò ma

짜이 자오디엔 더 항빤 여우 콩쭈어 마

몇 시에 출발하죠?

几点出发?

Jǐdiǎn chūfā

지디엔 추파

확인이 되었습니다.

确认好了。

Quèrèn hǎo le

취에런 하오 러

기본

출국

숙박

외출

관광

식사

방문

쇼핑

트러블

_____ 는 어디입니까?
_____ 在哪里?
zài nalǐ
짜이 나리

아이사아항공 카운터
韩亚航空前台
한야항콩 치엔타이

대한항공 카운터
大韩航空前台
따한항콩 치엔타이

탑승구
登机口
떵지커우

공항로비
机场大厅
지창 따팅

탑승권을 보여 주시겠어요?
请出示下登机牌好吗?
Qǐng chūshì xià dēngjīpái hǎo ma
칭 추스 시아 떵지파이 하오 마

네, 여기 있습니다.
是, 在这儿。
Shì, zài zhèr
스, 짜이 쩔

귀국 당일은 출발 2시간 전까지 공항에 미리 나가서 체크인을 마쳐야 합니다.
출국절차는 매우 간단합니다. 터미널 항공사 카운터에 가서 여권, 항공권, 출입
국카드(입국시 여권에 붙여 놓았던 것)를 제시하면 직원이 출국카드를 떼어 내
고 비행기의 탑승권을 줍니다. 동시에 화물편으로 맡길 짐도 체크인하면 화물
인환증을 함께 주므로 잘 보관해야 합니다.

저기요, 공항세는 어디서 내죠?

请问，在哪儿买机场建设费?

Qǐngwèn, zài nǎr mǎi jīchǎngjiànshè fèi

칭원, 짜이 날 마이 지창지엔서 페이

저기요, 어디서 수속을 합니까?

请问，在哪儿办手续?

Qǐngwèn, zài nǎr bàn shǒuxù

칭원, 짜이 날 빤 셔우쉬

저기요, 짐은 어디서 보냅니까?

请问，行李在哪儿寄?

Qǐngwèn, xíngli zài nǎr jì

칭원, 싱리 짜이 날 지

언제부터 탑승하죠?

什么时候开始登机?

Shénmeshíhòu kāishǐ dēngjī

션머스허우 카이스 떵지

면세점은 어디에 있습니까?

免税店在哪儿?

Miǎnshuìdiàn zài nǎr

미엔수이디엔 짜이 날

탑승구는 어디에 있습니까?

登机口在哪儿?

Dēngjīkǒu zài nǎr

떵지커우 짜이 날

☞ 공항에서 볼 수 있는 게시판

起飞机场	출발공항
候机大厅	출발로비
出境大厅	출국장
出入口	출입구
登机口	탑승구
登机手续	탑승수속 중
乘客	승객
登记时间	탑승시간
到达时间	도착시간
延迟	지연
洗手间	화장실
等候时间	공석 대기
免税店	면세점
国际航班	국제선
国内航班	국내선

Part 3

숙박

01 호텔 예약

어떤 방을 원하시죠?
您想要什么样的房间?
Nín xiǎng yào shénmeyàng de fángjiān
닌 시앙 야오 션머양 더 팡지엔

_____으로 주세요.
我想要个_____。
Wǒ xiǎng yào gè
워 시앙 야오 꺼

싱글 룸
单人房
딴런 팡

트윈 룸
双人间
수앙런지엔

더블침대
双人床
수앙런추앙

욕실 딸린 방
带浴室的房间
따이 위스 더 팡지엔

샤워 딸린 방
带洗澡的房间
따이 시자오 더 팡지엔

외국인이 이용하는 호텔은 거의 일류호텔로 이름은 각기 다릅니다. 饭店 (fàndiàn), 宾馆 (bīnguǎn), 大酒店(dàjiǔdiàn) 등으로 부르며 이러한 호텔의 등급은 별이 몇 개인가로 구분됩니다. 예를 들면 北京饭店 (Běijīngfàndiàn)이 최고급인데 이런 호텔에는 환전소, 매점, 이발소, 우체국 등 부대시설이 완벽하게 갖추어져 있습니다.

방을 예약하고 싶은데요.

我要预定房间。

Wǒ yào yùdìng fángjiān

워 야오 위띵 팡지엔

빈방이 있나요?

有空房吗?

Yǒu kòngfáng ma

여우 콩팡 마

예약을 취소하고 싶은데요.

我要取消预约。

Wǒ yào qǔxiāo yùyuē

워 야오 취샤오 위위에

방값에 아침식사비가 포함되나요?

房费包括早餐吗?

Fángfèi bāokuò zǎocān ma

팡페이 빠오쿠어 자오찬 마

침대 하나를 더 놓으면 얼마인가요?

加一张床多少钱?

Jiā yìzhāng chuáng duōshǎo qián

지아 이장 추앙 뚜어샤오 치엔

좀 더 싼 방이 있나요?

有没有便宜一点的房间?

Yǒu méi yǒu piányi yìdiǎn de fángjiān

여우 메이 여우 피엔이 이디엔 더 팡지엔

> ## 호텔 스텝

饭店经理
판디엔 징리

호텔 지배인
요금 정산 및 금고 관리

登记员
떵지위엔

숙박등록원
체크인과 체크아웃

接待处
지에따이추

접수처
프런트, 룸키와 메시지 취급

咨询台
쯔쉰타이

안내데스크
식당이나 여행 등의 안내와 예약 및 상담

领班
링빤

벨캡틴
벨보이, 도어맨, 포터를 감독하는 사람

行李员
싱리위엔

포터
차에서 프런트까지 짐 운반

门卫
먼웨이

도어맨
제복을 입고 현관에서 투숙객을 맞이하고 보냄

侍者
쓰저

벨맨
고객 동반하여 객실을 왕래하는 사람

男仆
난푸

발렛
룸서비스 운반

清扫女工
칭싸오뉘꽁

룸메이드
객실을 청소하거나 정리정돈하는 객실정비원

우리나라의 호텔과 마찬가지로 호텔의 체크인 시각은 보통 오후 2시부터이므로 너무 늦게 도착하지 않도록 합시다. 만약 호텔 도착 시간이 오후 6시를 넘을 때는 예약이 취소되는 경우도 있으므로 늦을 경우에는 미리 호텔에 도착시간을 전화로 알려두는 것이 좋습니다. 호텔에 도착하여 체크인할 때는 방의 형태, 설비, 요금, 체재 예정 등을 확인하도록 합시다.

예약을 한 김진호입니다.
我是预约的金振浩。
Wǒ shì yùyuē de Jīn zhèn hào
워 스 위위에 더 찐 전 하오

3박입니다.
是三晚。
Shì sān wǎn
스 싼 완

전망이 좋은 방으로 주세요.
请给我一个视野好的房间。
Qǐng gei wǒ yíge shìyě hǎo de fángjiān
칭 게이 워 이거 스이에 하오 더 팡지엔

숙박카드

HILL HOTEL GUEST REGISTRATION			
Full name			
Last	First		Middle
Home Address:		Tel:	
Passport No:	Nationality:		Age:
License plate Number:			
Make:	Model:		Year:
Signature:			
Method of payment:		Arrival Date:	
☐ Cash $_____		Departure Date:	
☐ Credit Card		Room No:	
☐ Other _____			
All of at the Hill Hotel are grateful for your patronage.			

성명 — Full name / Last / First / Middle
자택주소
전화번호 — Home Address / Tel
여권번호
국적, 나이 — Passport No / Nationality / Age
차번호 — License plate Number
자동차 메이커
자동차 모델명
연식 — Make / Model / Year
서명 — Signature
호텔측
기입사항 — Method of payment / Arrival Date / Departure Date / Room No

Q 기본
↗ 출국
☝ 숙박
♠ 외출
♣ 관광
🍴 식사
🚶 방문
🛍 쇼핑
🎫 트러블

예약하셨습니까?

您预约了吗?

Nín yùyuē le ma

닌 위위에 러 마

누구 이름으로 예약하셨습니까?

您用什么名字预定的?

Nín yòng shénme míngzi yùdìng de

닌 용 션머 밍즈 위띵 더

이 숙박카드를 작성해주십시오.

请填写这张住宿登记卡。

Qǐng tiánxiě zhè zhāng zhùsùdēngjì kǎ

칭 티엔시에 쩌 장 주쑤떵지 카

먼저 방을 볼 수 있을까요?

可以先看一下房间吗?

Kěyǐ xiān kàn yíxià fángjiān ma

크어이 시엔 칸 이시아 팡지엔 마

조용한 방으로 주세요.

我想要安静一点的房间。

Wǒ xiǎng yào ānjìng yīdiǎn de fángjiān

워 시앙 야오 안찡 이디엔 더 팡지엔

경치가 좋은 방으로 주세요.

我要一间能看到好风景的房间。

Wǒ yào yìjiān néng kàndào hǎo fēngjǐng de fángjiān

워 야오 이지엔 넝 칸따오 하오 펑징 더 팡지엔

하루에 얼마죠?

住宿费一天多少钱?

Zhùsùfèi yìtiān duōshǎo qián

주쑤페이 이티엔 뚜어샤오 치엔

좀 더 싼 방은 없나요?

没有比这个稍便宜的房间吗?

Méiyǒu bǐ zhège shāo piányi de fángjiān ma

메이여우 비 쩌거 샤오 피엔이 더 팡지엔 마

아침식사도 포함이 된 건가요?

早餐费也包括在内吗?

Zǎocānfèi yě bāokuò zàinèi ma

자오찬페이 이에 빠오쿠어 짜이네이 마

내 방은 몇 층 몇 호실인가요?

我的房间是几楼几号?

Wǒ de fángjiān shì jǐ lóu jǐ hào

워 더 팡지엔 스 지 러우 지 하오

룸서비스를 받을 수 있나요?

这儿有房间服务吗?

Zhèr yǒu fángjiān fúwù ma

쩔 여우 팡지엔 푸우 마

다른 방으로 바꾸고 싶은데요.

我要换别的房间。

Wǒ yào huàn biéde fángjiān

워 야오 후안 비에더 팡지엔

방을 바꿔주시겠어요?
能给我换房间吗?
Néng gei wǒ huàn fángjiān ma
넝 게이 워 후안 팡지엔 마

무슨 문제라도 있으십니까?
有什么问题吗?
Yǒu shénme wèntí ma
여우 션머 원티 마

호텔에서 체크인을 하면 이제 본격적으로 여행이 시작됩니다. 현지 관광 등의 안내를 받고자 할 때는 프런트에 물으면 됩니다. 또한 호텔 내의 시설이나 와이 파이 패스워드 등은 체크인할 때 확인해두도록 합시다. 트러블, 문의 사항은 대부분 프런트 데스크에 부탁하면 해결을 해주지만, 클리닝, 룸서비스 등의 내선 번호는 방에 준비되어 있는 안내서에 적혀 있습니다.

짐을 옮겨드릴까요?

需要给您搬运行李吗?

Xūyào gěi nín bānyùn xíngli ma

쉬야오 게이 닌 빤윈 싱리 마

짐을 로비까지 옮겨주세요.

请把行李搬到大厅。

Qǐng bǎ xíngli bāndào dàtīng

칭 바 싱리 빤따오 따팅

귀중품을 맡기고 싶은데요.

我要保管贵重物品。

Wǒ yào bǎoguǎn guìzhòng wùpǐn

워 야오 바오구안 꾸이종 우핀

방 열쇠를 맡아주세요.

请保管房间钥匙。

Qǐng bǎoguǎn fángjiān yàoshi

칭 바오구안 팡지엔 야오스

저한테 온 메시지가 있나요?

有没有我的留言?

Yǒu méi yǒu wǒ de liúyán

여우 메이 여우 워 더 리우이엔

내일 택시를 불러 주세요.

明天帮我叫一辆出租车。

Míngtiān bāng wǒ jiào yíliàng chūzūchē

밍티엔 빵 워 쟈오 이리앙 추쭈처

04 룸서비스

_____ 호실인데요.
你好, _____号房间。
Nǐhǎo　hào fángjiān
니하오　하오 팡지엔

룸서비스를 부탁할게요.
我需要客房服务。
Wǒ xūyào kèfáng fúwù
워 쉬야오 크어팡 푸우

_____을 갖다 주세요.
请给我 _____。
Qǐng gěi wǒ
칭 게이 워

맥주 두 잔
两杯啤酒
리앙뻬이 피지우

타월
面巾
미엔진

커피 두 잔
两杯咖啡
리앙뻬이 카페이

아침식사
早餐
자오찬

주문한 게 아직 안 왔어요.
订购的还没到。
Dìnggòu de hái méi dào
띵꺼우 더 하이 메이 따오

프런트에서 체크인을 마치면 열쇠를 받아 배정된 방으로 짐을 가지고 들어갑니다. 만약 짐이 많을 경우에는 벨보이에게 부탁하면 됩니다. 룸서비스는 객실에서 식사를 하거나 음료, 주류 등을 마시고 싶을 때 이용합니다. 메뉴를 선택하여 전화를 걸면 객실로 배달해 주며 음식 값은 룸 차지(Room Charge)로 해두면 체크아웃할 때 정산됩니다.

룸서비스를 부탁할게요.

我需要客房服务。

Wǒ xūyào kèfáng fúwù

워 쉬야오 크어팡 푸우

칫솔를 갖다 주세요.

请给我拿牙刷。

Qǐng gěi wǒ ná yáshuā

칭 게이 워 나 야수아

아침식사를 제 방까지 갖다주세요.

请把早餐送到我的房间。

Qǐng bǎ zǎocān sòngdào wǒ de fángjiān

칭 바 자오찬 쏭따오 워 더 팡지엔

제 방을 청소해주세요.

请打扫一下我的房间。

Qǐng dǎsǎo yíxià wǒ de fángjiān

칭 다싸오 이시아 워 더 팡지엔

에어컨은 어떻게 조절하죠?

空调温度怎么调?

Kōngtiáo wēndù zěnme tiáo

콩탸오 원뚜 전머 탸오

수건이 없는데요.

没有毛巾。

Méiyǒu máojīn

메이여우 마오찐

05 호텔 시설을 이용할 때

이 호텔에 _____ 는 있나요?
这个酒店有_____吗?
Zhège jiǔdiàn you   ma
쩌거 지우디엔 여우   마

우체국
邮局
여우쥐

관광안내소
旅游询问处
뤼여우 쉰원추

기념품가게
纪念品商店
찌니엔핀 상디엔

세탁소
洗衣店
시이디엔

이발소
理发店
리파디엔

커피숍
咖啡店
카페이디엔

미용실
美容院
메이롱위엔

칵테일 바
鸡尾酒吧
지웨이지우바

약국
药店
야오디엔

식당
餐厅
찬팅

서점
书店
수디엔

연회장
宴会厅
이엔후이팅

호텔 안의 시설이나 서비스 내용은 체크인할 때 확인할 수 있으니 饭店有班车吗(Fàndiàn yǒu bānchē ma/호텔 안에 어떤 시설이 있나요?)라고 물어보세요. 무료로 이용할 수 있는 것도 꽤 많습니다. 아침식사가 포함된 경우에는 식당을 잘 몰라 헤매는 경우가 많습니다. 이럴 때는 프런트에 餐厅在哪儿(Cāntīng zài nǎr)?이라고 물어보세요.

호텔 안에 세탁소가 있나요?

酒店内有洗衣店吗?

Jiǔdiàn nèi yǒu xǐyīdiàn ma

지우디엔 네이 여우 시이디엔 마

식당은 어디에 있죠?

餐厅在哪儿?

Cāntīng zài nǎr

찬팅 짜이 날

몇 시부터 아침식사가 시작되죠?

几点开始供应早餐?

Jǐdiǎn kāishǐ gōngyīng zǎocān

지디엔 카이스 꽁잉 자오찬

커피숍은 어디에 있죠?

咖啡厅在哪儿?

Kāfēitīng zài nǎr

카페이팅 짜이 날

호텔에 나이트클럽이 있나요?

饭店内有夜总会吗?

Fàndiàn nèi yǒu yèzǒnghuì ma

판디엔 네이 여우 이에종후이 마

마사지를 예약해 주세요.

请给我订按摩服务。

Qǐng gěi wǒ dìng ànmó fúwù

칭 게이 워 띵 안모어 푸우

열쇠 좀 보관해 주시겠어요?
能帮我保管一下钥匙吗?
Néng bāng wo bǎoguǎn yíxià yàoshi
넝 빵 워 바오구안 이시아 야오스

알겠습니다.
知道了。
Zhīdào le
즈따오 러

단체로 여행을 간 경우 또는 여행사의 패키지 여행을 간 경우에는 외출할 때 반드시 인솔자나 현지 안내원에게 행선지와 연락처를 남겨야 합니다. 호텔의 이름과 주소가 적혀 있는 호텔카드나 명함을 꼭 챙기고 목적지까지 노선을 미리 확인해두면 낯선 곳에서 길 찾느라 어리버리 헤매는 시간을 줄일 수 있습니다. 물론 요즘음 스마트폰 지도앱으로 길을 찾기 때문에 그다지 길을 찾지 못해 헤매는 경우는 많지 않지만...

제 짐을 좀 맡기고 싶은데요.

我想寄存一下儿我的行李。

Wǒ xiǎng jìcún yīxià ér wǒ de xínglǐ

워 시앙 지춘 이시아 얼 워 더 싱리

귀중품을 보관하고 싶은데요.

我想保管贵重物品。

Wǒ xiǎng bǎoguǎn guìzhòng wùpǐn

워 시앙 바오구안 구이종 우핀

저한테 메시지는 없나요?

没有给我发短信吗?

Méiyǒu gěi wǒ fā duǎnxìn ma

메이여우 게이 워 파 두안신 마

저에게 온 전화는 있었나요?

有没有来我的电话?

Yǒu méi yǒu lái wǒ de diànhuà

여우 메이 여우 라이 워 더 디엔후아

맡긴 짐을 주시겠어요?

能给我寄存的行李吗?

Néng gěi wǒ jìcún de xínglǐ ma

넝 게이 워 지춘 더 싱리 마

열쇠를 주시겠어요?

能给我钥匙吗?

Néng gěi wǒ yàoshi ma

넝 게이 워 야오스 마

여기 물이 새요.

这里在漏水!

Zhèlǐ zài lòushuǐ

쩌리 짜이 러우수이

물이 안 내려가요.(화장실)

水不下去。

Shuǐ bú xiàqù

수이 부 시아취

타월이 없어요.

没有毛巾。

Méiyǒu máojīn

메이여우 마오찐

샴푸
洗发水
시파수이

린스
护发素
후파쑤

치약
牙膏
야까오

칫솔
牙刷
아수아

비누
肥皂
페이짜오

수도꼭지
水龙头
수이롱터우

호텔에 머물다 보면 서비스나 이용에 대한 불만이 생길 수도 있습니다. 호텔 이용이 모두 만족할 수는 없습니다. 머무르고 있는 방에 타월이나 세면도구 등의 비품이 제대로 갖추어져 있지 않거나 가전제품의 고장으로 인한 불편이 있을 수 있습니다. 그리고 도난사고도 있을 수 있습니다. 문제가 발생했을 때는 반드시 프런트 데스크에 연락을 취해 해결하도록 합시다.

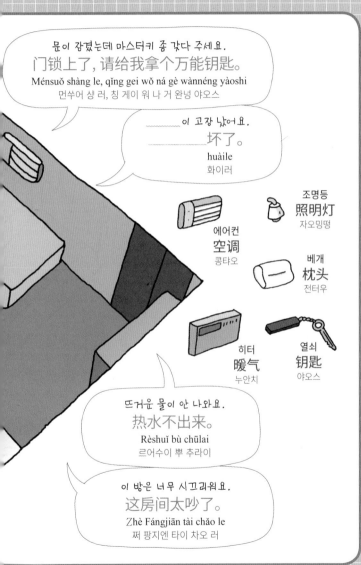

문이 잠겼는데 마스터키 좀 갖다 주세요.
门锁上了, 请给我拿个万能钥匙。
Ménsuǒ shàng le, qǐng gei wǒ ná gè wànnéng yàoshi
먼쑤어 샹 러, 칭 게이 워 나 거 완넝 야오스

_____이 고장 났어요.
_____坏了。
huàile
화이러

조명등
照明灯
자오밍떵

에어컨
空调
콩탸오

베개
枕头
전터우

히터
暖气
누안치

열쇠
钥匙
야오스

뜨거운 물이 안 나와요.
热水不出来。
Rèshuǐ bù chūlai
르어수이 뿌 추라이

이 방은 너무 시끄러워요.
这房间太吵了。
Zhè Fángjiān tài chǎo le
쩌 팡지엔 타이 차오 러

기본

출국

숙박

외출

관광

식사

방문

쇼핑

트러블

방문을 열 수가 없네요.

房门打不开。

Fángmén dǎ bù kāi

팡먼 다 뿌카이

욕실에 더운물이 안 나오는데요.

浴室里不出热水。

Yùshì lǐ bù chū rèshuǐ

위스 리 뿌 추 르어수이

방 전등이 고장났어요.

房间的灯坏了。

Fángjiān de dēng huài le

팡지엔 더 떵 화이 러

에어컨이 고장났는데요.

空调坏了。

Kōngtiào huài le

콩탸오 화이 러

텔레비전 화면이 안 나오는데요.

电视机没有画面。

Diànshìjī méiyǒu huàmiàn

디엔스지 메이여우 화미엔

냉장고가 고장났어요.

冰箱出了毛病。

Bīngxiāng chū le máobìng

삥시앙 추 러 마오뼁

방 열쇠가 망가졌습니다.

房间钥匙坏了。

fángjiān yàoshi huài le
팡지엔 야오스 화이 러

화장실의 물이 내려 가지 않습니다.

卫生间的水冲下不去。

Wèishēngjiān de shuǐ chōng xià bú qù
웨이성지엔 더 수이 총 시아 부 취

타올이 없습니다.

没有毛巾。

Méiyǒu máojīn
메이여우 마오찐

미안하지만 수리 좀 해주세요.

麻烦你过来修理一下。

Máfan nǐ guòlái xiūlǐ yíxià
마판 니 구어라이 쉬우리 이시아

방청소가 안 되어 있네요.

房间的清扫不了。

Fángjiān de qīngsǎo bù liǎo
팡지엔 더 칭싸오 뿌 랴오

이 방이 마음에 들지 않는데, 다른 방으로 바꿀 수 없을까요?

这个房间我不太满意，能不能换一间？

Zhège fángjiān wǒ bú tài mǎnyì, néng bù néng huàn yìjiān
쩌거 팡지엔 워 부 타이 만이, 넝 뿌 넝 후안 이지엔

---

08 호텔 체크아웃

_____호실입니다.
这是 _____ 号房间。
Zhè shì hào fángjiān
쩌 스 하오 팡지엔

체크아웃 할게요.
我要退房。
Wǒ yāo tuì fáng
워 야오 투이 팡

짐 좀 내려 주시겠어요?
能帮我把行李拿下来吗?
Néng bāng wǒ bǎ xínglǐ ná xiàlái ma
넝 빵 워 바 싱리 나 시아라이 마

이 짐 좀 맡길게요.
请帮我保管一下这个行李。
Qǐng bāng wo bǎoguǎn yíxià zhège xíngli
칭 빵 워 바오구안 이시아 쩌거 싱리

중국에서 호텔의 서비스맨을 부를 때 남녀 성별을 가리지 않고 모두 服务员 (fúwùyuán)이라고 부릅니다. 만약 귀중품을 객실 내에서 분실했다 해도 호텔 측의 책임을 물을 수 없습니다. 실내에 금고가 없는 경우에는 몸에 지니고 다니든지 아니면 보관함에 보관합니다. 보관함은 프런트에서 본인의 이름 및 객실번호 등을 기입한 서류를 작성하여 신청합니다.

정산을 부탁해요.

请结算。

Qǐng jiésuàn

칭 지에쑤안

신용카드도 되나요?

可以用信用卡吗?

Kěyǐ yòng xìnyòngkǎ ma

크어이 용 신용카 마

즐거웠습니다. 고마워요.

很愉快。 谢谢。

Hěn yúkuài. xièxie

흐언 위콰이. 시에시에

▷ 호텔 영수증에 있는 항목

借用
차용/DEB(debt)

合计(金额)
합계(금액)/AMOUNT

费房
객실료/RMC(room charge)

客房服务
룸서비스/room service

税
세금/TAX

餐厅
레스토랑/restaurant

长途电话
장거리전화/LDC(long distance call)

洗衣费
세탁비/laundry

택시를 불러 주세요.

请给我叫辆出租车。

Qǐng gěi wǒ jiào liàng chūzūchē

칭 게이 워 쟈오 리앙 추쭈처

체크아웃 할게요.

我要退房。

Wǒ yào tuì fáng
워 야오 투이 팡

체크아웃 시간은 몇 시까지인가요?

退房截止时间是几点?

Tuì fáng jiézhǐ shíjiān shì jǐ diǎn
투이 팡 지에즈 스지엔 스 지 디엔

내일 아침 6시에 택시를 예약하고 싶은데요.

明天早上六点我要出租车。

Míngtiān zǎoshàng liù diǎn wǒ yào chūzūchē
밍티엔 자오샹 리우 디엔 워 야오 추쭈처

하루 앞당겨 체크아웃하고 싶은데요.

我想提前一天退房。

Wǒ xiǎng tíqián yītiān tuì fáng
워 시앙 티치엔 이티엔 투이 팡

하루 더 묵고 싶은데요.

我还想住一天。

Wǒ hái xiǎng zhù yìtiān
워 하이 시앙 주 이티엔

오늘 떠나고 싶은데요.

我今天就走。

Wǒ jīntiān jiù zǒu
워 찐티엔 지우 저우

지금 체크아웃을 할게요.

我现在就退房。

Wǒ xiànzài jiù tuì fáng

워 시엔짜이 지우 투이 팡

요금명세표를 주세요.

请给我帐单。

Qǐng gěi wǒ zhàngdān

칭 게이 워 장딴

이것은 무슨 비용인가요?

这是什么费用？

Zhè shì shénme fèiyòng

쩌 스 션머 페이용

제 짐 좀 옮겨 주세요.

请帮我搬一下行李。

Qǐng bāng wǒ bān yīxià xíngli

칭 빵 워 빤 이시아 싱리

택시를 불러 주시겠어요?

能给我叫出租车吗？

Néng gěi wǒ jiào chūzūchē ma

넝 게이 워 쟈오 추쭈처 마

방에 물건을 놓고 나왔는데요.

我把东西落在房间里了。

Wǒ bǎ dōngxi là zài fángjiān lǐ le

워 바 똥시 라 짜이 팡지엔 리 러

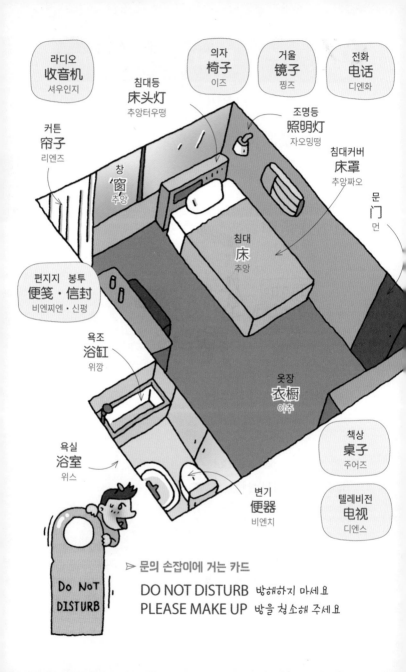

라디오
收音机
셔우인지

침대등
床头灯
추앙터우떵

의자
椅子
이즈

거울
镜子
찡즈

전화
电话
디엔화

커튼
帘子
리엔즈

조명등
照明灯
자오밍떵

침대커버
床罩
추앙짜오

창
窗
추앙

문
门
먼

편지지 봉투
便笺·信封
비엔찌엔·신펑

침대
床
추앙

욕조
浴缸
위깡

옷장
衣橱
이추

책상
桌子
주어즈

욕실
浴室
위스

변기
便器
비엔치

텔레비전
电视
디엔스

▷ 문의 손잡이에 거는 카드

DO NOT DISTURB 방해하지 마세요
PLEASE MAKE UP 방을 청소해 주세요

DO NOT DISTURB

Part 4

외출

01 길을 물을 때

이 지도에서 _____ 는 어디입니까?

在这张地图上 _____ 在哪儿?

Zài zhè zhāng dìtú shàng　　zài nǎr

짜이 쩌 장 띠투 샹　　짜이 날

여기	这里 쩌리
버스정류소	公共汽车站 꽁꽁치처잔
우체국	邮局 여우쥐
은행	银行 인항
미술관	美术馆 메이수구안
백화점	百货商店 바이후어샹디엔

_____ 으로 가는 길을 가르쳐 주세요.

请教我去 _____ 的路。

Qǐngjiào wǒ qù　　de lù

칭쟈오 워 취　　더 루

중국에서 혼자 길을 찾아가는 것은 쉽지 않지만 베이징이나 상하이 같은 대도시는 대중교통이 발달해서 지도와 안내문을 잘 보면 어렵지 않게 목적지를 찾아갈 수 있습니다. 지나가는 사람에게 길을 물어봐야 할 때는 먼저 麻烦你(máfan nǐ), 对不起(duìbuqǐ), 请问(qǐngwèn)과 같이 '실례합니다, 말씀 좀 물을게요'라고 말하면서 질문을 시작하면 됩니다.

실례합니다. 잠깐 여쭙겠습니다.
对不起，请问一下。
Duìbuqǐ, qǐngwèn yíxià
뚜이부치, 칭원 이시아

천안문까지 어떻게 가죠?
到天安门怎么走?
Dào Tiān'ānmén zěnme zǒu
따오 티엔안먼 전머 저우

여기에서 멀어요?
离这儿远吗?
Lí zhèr yuǎn ma
리 쩔 위엔 마

지하철역은 어떻게 가죠?
地铁站怎么走?
Dìtiězhàn zěnme zǒu
띠티에잔 전머 저우

거긴 어떻게 가죠?
去那儿怎么走?
Qù nàr zěnme zǒu
취 날 전머 저우

저도 같은 방향으로 가는 길입니다.
我正好和你同路。
Wǒ zhènghǎo hé nǐ tónglù
워 쩡하오 흐어 니 통루

기본 / 출국 / 숙박 / 외출 / 관광 / 식사 / 방문 / 쇼핑 / 트러블

02 택시를 탈 때

어디서 택시를 탈 수 있습니까?
在哪里能坐出租车?
Zài nǎli néng zuò chūzūchē
짜이 나리 넝 쭈어 추쭈처

어디까지 가십니까?
去哪里?
Qù nalǐ
취 나리

이 주소(메모를 보여주며) 这个地址
쩌거 띠즈

이곳	这里 쩌리	공원	公园 꽁위엔
백화점	百货商店 바이후어샹디엔	호텔	饭店 판디엔

能带我去_____吗?
Néng dài wǒ qù   ma
넝 따이 워 취   마

택시는 중국어로 出租车(chūzūchē)라고 하는데 영어 TEXI를 음역해서 的
士(díshi)라고 부르기도 합니다. '택시를 타다'라고 하려면 坐出租车(zuò
chūzūchē)라고 하거나 打车(dǎchē) 또는 打的(dǎdí)라고 합니다. 보통 차량을
운전하는 기사를 司机(sījī)라고 하지만 택시기사를 师傅(shīfu)라고 부릅니다.
목적지를 말할 때는 师傅, 去(Shīfu, qù) ~ 라고 합니다.

어디서 택시를 탈 수 있습니까?

在哪里能坐出租车?

Zài nǎli néng zuò chūzūchē

짜이 나리 넝 쭈어 추쭈처

트렁크 좀 열어 주세요.

请打开后备箱。

Qǐng dǎkāi hòubèixiāng

칭 다카이 허우뻬이시앙

어서 오십시오, 어디 가시죠?

欢迎欢迎，你去哪儿?

Huānyíng huānyíng, nǐ qù nǎr

후안잉 후안잉, 니 취 날

조금 더 천천히 가세요.

请再慢一点。

Qǐng zài màn yìdiǎn

칭 짜이 만 이디엔

저 앞에서 세워주세요.

到前面停车。

Dào qiánmiàn tíngchē

따오 치엔미엔 팅처

다 왔어요, 여기서 세워주세요.

到了，就在这儿停车吧。

Dào le, jiù zài zhèr tíngchē ba

따오 러, 지우 짜이 쩔 팅처 바

---

03 버스를 탈 때

(_____ 행) 버스정류소는 어디에 있나요?
(_____ 开往)公共汽车站在哪儿?
kāiwǎng) gōnggòngqìchēzhàn zài nǎr
카이왕) 꽁꽁치처잔 짜이 날

이 버스는 _____ 에 갑니까?
这路车到 _____ 吗?
Zhè lù chē dào ma
쩌 루 처 따오 마

이 버스는 _____ 를 지나갑니까?
这路车在经过 _____ 吗?
Zhè lù chē jīngguò ma
쩌 루 처 징꾸어 마

중국의 버스 公共汽车(gōnggòngqìchē)는 에어컨이 없는 낡은 버스에서부터 전기로 가는 무궤도열차, 냉난방차, 이층버스 등 종류가 다양합니다. 종류마다 요금도 달라서 동일 요금을 직접 내는 버스도 있고 안내양 售票员(shòupiàoyuán)이 있어 도착지를 말하고 차표를 사는 버스도 있습니다. 버스정류장은 公共汽车站(gōnggòngqìchēzhàn)이라고 합니다.

버스정류장은 어디에 있어요?

请问，公共汽车站在哪儿?

Qǐngwèn, gōnggòngqìchēzhàn zài nǎr
칭원, 꽁꽁치처잔 짜이 날

천안문에 가려면 몇 번 버스를 타야 하죠?

去天安门要坐几路车?

Qù Tiān'ānmén yào zuò jǐ lù chē
취 티엔안먼 야오 쭈어 지 루 처

치엔먼까지 가나요?

这路车到前门吗?

Zhè lù chē dào Qiánmén ma
저 루 처 따오 치엔먼 마

천안문까지 몇 정거장이죠?

到天安门还要坐几站?

Dào Tiān'ānmén háiyào zuò jǐ zhàn
따오 티엔안먼 하이야오 쭈어 지 잔

도착하면 알려주시겠어요?

到了就告诉我，好吗?

Dào le jiù gàosu wǒ, hǎo ma
따오 러 지우 까오쑤 워, 하오 마

저 내릴게요.

我要下车。

Wǒ yào xiàchē
워 야오 시아처

04 지하철을 탈 때

가장 가까운 전철역은 어디죠?
最近的地铁站在哪里?
Zuìjìn de dìtiězhàn zài nǎlǐ
쭈이찐 더 띠티에잔 짜이 나리

맞은편 백화점 옆에 있어요.
在对面的百货商店旁边。
Zài duìmiàn de bǎihuòshāngdiàn pángbiān
짜이 뚜이미엔 더 바이후어상디엔 팡비엔

지하철표는 어디서 사죠?
在哪儿买地铁票?
Zài nǎr mǎi dìtiěpiào
짜이 날 마이 띠티에퍄오

개찰구 옆에 발매기가 있습니다.
检票口旁边有售票机。
Jiǎnpiàokǒu pángbiān yǒu shòupiàojī
지엔퍄오커우 팡비엔 여우 셔우퍄오지

대도시에는 지하철이 있으며, 구간별로 요금이 달라 도착지를 확인한 후 매표소에서 표를 구입합니다. 출퇴근 시간에는 길이 막혀 택시를 잡기 어렵고 버스도 사람이 많기 때문에 지하철이 가장 편리할 때가 있습니다. 몇 번 출구로 나가야할지 몰라 당황스러울 때는 去 ~从几号出口出去(qù ~cóng jǐ hào chūkǒu chūqù)?라고 물어보면 됩니다.

지하철 노선도 좀 주세요.

请给我一张地铁路线图。

Qǐng gěi wǒ yì zhāng dìtiě lùxiàntú
칭 게이 워 이 장 띠티에 루시엔투

이 근처에 지하철역이 있어요?

这附近有地铁站吗?

Zhè fùjìn yǒu dìtiězhàn ma
쩌 푸찐 여우 띠티에잔 마

자동매표기는 어디에 있어요?

自动售票机在哪里?

Zìdòng shòupiàojī zài nǎli
쯔동 셔우퍄오지 짜이 나리

어디서 갈아타죠?

在哪儿换乘?

Zài nǎr huànchéng
짜이 날 후안청

다음 역은 어디예요?

下一站是哪里?

Xià yí zhàn shì nǎli
시아 이 잔 스 나리

어느 역에서 내리죠?

在哪一站下车?

Zài nǎ yí zhàn xiàchē
짜이 나 이 잔 시아처

111

05 열차를 탈 때

_____까지 특급은 있나요?

到_____有特级吗?

Dào   yǒu tèjí ma
따오   여우 트어지 마

_____까지 가는 열차는 어느 것입니까?

去_____的火车是哪辆?

Qù   de huǒchē shì nǎ liàng
취   더 후어처 스 나 리앙

A 까지 표를 B 장 주세요.

请给我 B 张票到 A 。

Qǐng gěi wo   zhāng piào dào
칭 게이 워   장 퍄오 따오

열차	火车 후어처	편도	单程票 딴청퍄오
왕복	回程票 후이청퍄오	침대차	卧铺 워푸
급행열차	直快 즈콰이	특급열차	特快 트어콰이
보통열차	普快 푸콰이	고속철도	高铁 까오티에

넓은 국토와 다양한 지형을 소유하고 있는 중국에는 철도가 거미줄처럼 깔려 있습니다. 중국 사람들은 장거리를 여행할 때 대부분 기차를 타고 갑니다. 여행거리에 따라 좌석이 다양해서 짧은 거리는 앉아서 가고 시간이 많이 걸릴 경우 침대칸을 이용합니다. 기차여행을 계획할 때는 직접 역에 가거나 여행사를 통해 표를 예매하면 편리합니다.

모르면 대략난감 **Best Expressions**

매표소는 어디에 있죠?

售票处在哪里？

Shòupiàochù zài nǎli

셔우퍄오추 짜이 나리

요금은 얼마예요?

票价是多少钱？

Piàojià shì duōshǎo qián

퍄오지아 스 뚜어샤오 치엔

왕복표는 한 장에 얼마죠?

往返票多少钱一张？

Wǎngfǎnpiào duōshao qián yì zhāng

왕판퍄오 뚜어샤오 치엔 이 장

상하이까지 편도 주세요.

请给我到上海的单程票。

Qǐng gěi wǒ dào Shànghǎi de dānchéngpiào

칭 게이 워 따오 샹하이 더 딴청퍄오

더 이른 열차는 없어요?

没有更早一点儿的吗？

Méiyǒu gèng zǎo yìdiǎnr de ma

메이여우 껑 자오 이디알 더 마

여긴 제 자리인데요.

这是我的座位。

Zhè shì wǒ de zuòwèi

쩌 스 워 더 쭈어웨이

---

06 비행기를 탈 때

비행기 예약을 부탁합니다.
请预订飞机。
Qǐng yùdìng fēijī
칭 위띵 페이지

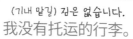

(기내 맡길) 짐은 없습니다.
我没有托运的行李。
Wǒ méiyǒu tuōyùn de xínglǐ
워 메이여우 투어윈 더 싱리

(기내 맡길) 짐이 있습니다.
我有托运的行李。
Wǒ yǒu tuōyùn de xínglǐ
워 여우 투어윈 더 싱리

창가 쪽으로 주세요.
我要窗边的位置。
Wǒ yào chuāng biān de wèizhì
워 야오 추앙 비엔 더 웨이즈

중국은 철도 노선이 발달되어 있기 때문에 중국 국내에서 이동은 비행기보다는 고속전철 등 철도를 이용하는 게 편리할 수도 있습니다. 하지만 中国国际航空, 中国东方航空, 中国南方航空, 海南航空, 四川航空, 山东航空 등 수많은 항공사가 중국 전역에 걸쳐 광범위하게 노선을 운항하고 있습니다. 일정이 바쁜 여행자는 다른 지역으로 이동할 때는 국내선 이용이 편리합니다.

항공권을 구하고 싶은데요.

我想买一张飞机票。

Wǒ xiǎng mǎi yì zhāng fēijīpiào

워 시앙 마이 이 장 페이지퍄오

다른 편은 없습니까?

有没有别的班机?

Yǒu méi yǒu biéde bānjī

여우 메이 여우 비에더 빤지

출발시간을 확인하고 싶은데요.

我想确认一下出发时间。

Wǒ xiǎng quèrèn yíxià chūfā shíjiān

워 시앙 취에런 이시아 추파 스지엔

탑승일자를 변경하고 싶은데요.

我要变更登机日期。

Wǒ yào biàngēng dēngjī rìqī

워 야오 비엔껑 떵지 르치

지금 탑승수속을 할 수 있나요?

现在可以办登机手续吗?

Xiànzài kěyǐ bàn dēngjī shǒuxù ma

시엔짜이 크어이 빤 떵찌 셔우쉬 마

여권을 보여주십시오.

请给我看一下您的护照。

Qǐng gěi wǒ kàn yíxià nín de hùzhào

칭 게이 워 칸 이시아 닌 더 후자오

기본

출국

숙박

외출

관광

식사

방문

쇼핑

트러블

차를 빌리고 싶은데요.
我想租车。
Wǒ xiǎng zūchē
워 시앙 쭈처

소형차로 주세요.
我想租小型车。
Wo xiǎng zū xiǎoxíng chē
워 시앙 쭈 샤오싱 처

도로지도
道路地图
따오루띠투

매뉴얼
说明书
수어밍수

보험
保险
바오시엔

오토매틱 차
自动档的车
즈동땅 더 처

automatic

4wd

중국은 베이징이나 상하이 등과 같은 대도시는 대중교통이 발달하여 차를 빌려 관광할 일은 많지 않지만, 대도시를 벗어나면 대중교통이 아직도 많이 불편합니다. 렌터카를 빌릴 때는 여권과 국제면허증이 필요합니다. 만일을 대비하여 보험도 잊지 말고 꼭 들어둡시다. 관광시즌에는 한국에서 출발하기 전에 미리 렌터카 회사에 예약을 해두는 게 좋습니다.

이 차는 하루에 얼마죠?

这辆车一天要多少钱?

Zhè liàng chē yītiān yào duōshǎo qián

저 리앙 처 이티엔 야오 뚜어샤오 치엔

선금을 내야 하나요?

要先付钱吗?

Yào xiān fùqián ma

야오 시엔 푸치엔 마

보증금은 얼마죠?

押金要多少?

Yājīn yào duōshǎo

야찐 야오 뚜어샤오

보험 요금이 포함되어 있나요?

包括保险费吗?

Bāokuò bǎoxiǎnfèi ma

빠오쿠어 바오시엔페이 마

도중에 차를 반환해도 되나요?

可以中途还车吗?

Kěyǐ zhōngtú huán chē ma

크어이 쫑투 후안 처 마

다른 지역에서 차를 반환해도 되나요?

可以在外地还车吗?

Kěyǐ zài wàidì huán chē ma

크어이 짜이 와이띠 후안 처 마

08 차를 운전할 때

(지도를 가리키며) 여기가 어딥니까?

这是哪里?

Zhè shì nǎlǐ

쩌 스 나리

가득 넣어주세요.

请加满。

Qǐng jiā mǎn

칭 찌아 만

주유소	**加油站** 찌아여우잔	
휘발유	**汽油** 치여우	
디젤	**柴油** 차이여우	
주차장	**停车场** 팅처창	

예전에는 베이징이든 상하이든 사람들은 주요 간선도로에서도 예사로 무단횡단을 일삼고, 자전거는 더 말할 것도 없었으며, 차들도 마찬가지였습니다. 또한 매년 1천만 명 이상의 초보운전자들이 적절한 교육 없이 거리로 나와 고속도로에서의 치사율이 세계 최고수준을 기록하기도 했습니다. 그러나 베이징 올림픽 이후로 교통질서에 관한 교육이 잘 이루어져 많이 좋아졌습니다.

차를 운전할 줄 아세요?

你会开车吗?

Nǐ huì kāichē ma

니 후이 카이처 마

근처에 주유소 있어요?

这附近有没有加油站?

Zhè fùjìn yǒu méi yǒu jiāyóuzhàn

저 푸찐 여우 메이 여우 찌아여우잔

보통 휘발유로 가득 채워 주세요.

要一般汽油，请装满。

Yào yìbān qìyóu, qǐng zhuāng mǎn

야오 이빤 치여우, 칭 주앙 만

펑크가 났어요.

有个轮胎爆胎了。

Yǒu gè lúntāi bàotāi le

여우 꺼 룬타이 빠오타이 러

이 부근에 주차장이 있나요?

这附近有停车场没有?

Zhè fùjìn yǒu tíngchēchǎng méiyǒu

저 푸찐 여우 팅처창 메이여우

이곳에 주차해도 될까요?

这儿可以停车吗?

Zhèr kěyǐ tíngchē ma

절 크어이 팅처 마

☞ 거리에서 볼 수 있는 게시판

请勿动手	손대지 마시오
保持肃静	정숙하시오
注意交通安全	교통안전주의
注意扒手	소매치기 주의
禁止通行	통행금지
当心路滑	미끄럼 조심
正在施工	공사중
禁止停车	정차금지
肃静	정숙
请勿靠近	접근금지
请勿入内	출입금지
小心搬运	운반조심
禁止摄影	촬영금지
请勿乱仍果皮	쓰레기를 함부로 버리지 마시오
请勿随地吐谈	바닥에 침뱉지 마시오
禁止吸烟	흡연금지
当心油漆	페인트칠을 조심하시오
中转站	환승역
售票处	매표소

Part 5

관광

_____에 가고 싶은데요.

我想去_____。

Wo xiǎng qù

워 시앙 취

_____를 보고 싶은데요.

我想看_____。

Wo xiǎng kàn

워 시앙 칸

거기는 어떻게 갑니까?

那里怎么走?

Nàli zěnme zǒu

나리 전머 저우

길을 잃어버렸습니다.

我迷路了。

Wǒ mílù le

워 미루 러

한국어 가이드는 있나요?

有韩语导游吗?

Yǒu hányu dǎoyóu ma

여우 한위 다오여우 마

중국에는 우리나라처럼 관광지마다 안내소가 잘 갖춰 있지는 않습니다. 처음 간 외국인이 이런저런 정보를 물어볼 기관이 없어 불편하기도 하지만 모르는 사람에게 물어보는 과정에서 살아있는 중국어 학습을 할 수 있어 좋은 추억을 만들 수도 있습니다. 보통 '안내소'라고 하면 问讯处(wènxùnchù) 또는 咨询台(zīxúntái)라고 합니다.

안내소는 어디에 있어요?

问讯处在哪里?

Wènxùnchù zài nǎli

원쉰추 짜이 나리

관광지도 좀 주세요.

请给我一张观光地图。

Qǐng gěi wǒ yì zhāng guānguāng dìtú

칭 게이 워 이 장 꾸안꾸앙 띠투

여기에는 어떤 명승지가 있어요?

这里都有什么名胜?

Zhèli dōu yǒu shénme míngshèng

저리 떠우 여우 션머 밍성

당일치기로 어디가 좋을까요?

一日游去哪里好呢?

Yírì yóu qù nǎli hǎo ne

이르 여우 취 나리 하오 너

할인 티켓은 없나요?

有没有打折票?

Yǒu méi yǒu dǎzhé piào

여우 메이 여우 다저 퍄오

여기서 걸어서 갈 수 있어요?

从这里可以走着去吗?

Cóng zhèli kěyǐ zǒu zhe qù ma

총 쩌리 크어이 저우 저 취 마

투어는 어떤 게 있나요?
都有哪种旅游路线?
Dōu yǒu nǎ zhǒng lǚyóu lùxiàn
떠우 여우 나 종 뤼여우 루시엔

어디에서, 몇 시에 출발하나요?
在哪里, 几点出发?
Zài nalǐ, jǐdiǎn chūfā
짜이 나리, 지디엔 추파

몇 시에 돌아오죠?
几点回来?
Jǐdiǎn huílai
지디엔 후이라이

패키지 여행으로 단체관광을 할 경우에는 준비된 버스를 이용하여 관광을 하기 때문에 큰 불편은 없지만, 단독으로 여행을 할 때는 관광안내소 등에서 투어를 소개받아야 합니다. 관광버스에는 중국어 안내원이 동행하여 그 지역 유명 관광지를 순환하는 정기 관광버스가 있습니다. 대부분 기차역 주변에서 출발하여 3시간, 반나절, 하루코스 등이 있습니다.

모르면 대략난감 **Best Expressions**

기본
출국
숙박
외출
관광
식사
방문
쇼핑
트러블

투어는 어떤 게 있나요?

都有哪种旅游路线?

Dōu yǒu nǎ zhǒng lǚyóu lùxiàn

떠우 여우 나 종 뤼여우 루시엔

투어 팜플렛 좀 주세요.

请给我一份介绍手册。

Qǐng gěi wǒ yífèn jièshào shǒucè

칭 게이 워 이펀 지에샤오 셔우처

투어는 몇 시간 걸리나요?

这个旅游时间需要多长?

Zhège lǚyóu shíjiān xūyào duō cháng

쩌거 뤼여우 스지엔 쉬야오 뚜어 창

어디서 출발하나요?

从哪儿出发?

Cóng nǎr chūfā

총 날 추파

야간투어는 있어요?

有晚上的旅游吗?

Yǒu wǎnshang de lǚyóu ma

여우 완샹 더 뤼여우 마

한국어 가이드는 있나요?

有韩国语导游吗?

Yǒu Hánguóyǔ dǎoyóu ma

여우 한구어위 다오여우 마

저것은 무엇입니까?
那是什么?
Nà shì shénme
나 스 션머

저것은 무슨 산입니까?
那是什么山?
Nà shì shénme shān
나 스 션머 샨

저것은 무슨 강입니까?
那是什么河?
Nà shì shénme hé
나 스 션머 흐어

저 건물은 무엇입니까?
那栋楼是什么?
Nà dòng lóu shì shénme
나 똥 러우 스 션머

유명한 관광지를 찾아가면 언제나 사람들이 인산인해를 이룹니다. 외국인 관광객도 많지만 전국 각지에서 찾아온 국내 관광객들로 넘쳐나기 때문입니다. 특히 10월 1일 국경절을 전후한 황금연휴 기간에는 어디를 가도 관광객들로 북적입니다. 유적지나 관광지를 들어갈 때 내는 입장권을 门票(ménpiào)라고 하는데 상당히 비싼 편입니다.

저기요, 입장권은 얼마죠?

请问，门票多少钱?

Qǐngwèn, ménpiào duōshao qián

칭원, 먼퍄오 뚜어샤오 치엔

어디서 케이블카를 탈 수 있나요?

在哪里可以坐缆车?

Zài nǎlǐ kěyǐ zuò lǎnchē

짜이 나리 크어이 쭈어 란처

전망대는 어떻게 올라가죠?

展望台怎么上去?

Zhǎnwàngtái zěnme shàngqù

잔왕타이 전머 샹취

몇 시에 돌아와요?

几点回来?

Jǐ diǎn huílái

지 디엔 후이라이

시간은 얼마나 있어요?

有多长时间?

Yǒu duōcháng shíjiān

여우 뚜어창 스지엔

여행 가이드가 필요해요.

我需要导游。

Wǒ xūyào dǎoyóu

워 쉬야오 다오여우

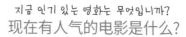

지금 인기 있는 영화는 무엇입니까?
现在有人气的电影是什么?
Xiànzài yǒu rénqì de diànyǐng shì shénme
시엔짜이 여우 런치 더 디엔잉 스 선머

공연
公演
꽁이엔

경극
京剧
찡쥐

서커스 공연
杂技表演
자찌 뱌오이엔

_____은 어디서 하나요?
_____ 在哪儿演?
zàinǎr yǎn
짜이날 이엔

몇 시에 시작하나요?
几点开始?
Jǐdiǎn kāishǐ
지디엔 카이스

몇 시에 끝나는가요?
几点结束?
Jǐdiǎn jiéshù
지디엔 지에수

중국에 가면 서커스나 경극을 보게 되는데 서커스는 중국어로 杂技(zájì)라고 하고 경극은 京剧(jīngjù)라고 합니다. 경극은 무대 좌우 모니터에 대사와 줄거리를 영어와 중국어 자막으로 보여줍니다. 또 공연을 관람만 하는 극장도 있고 식사도 같이 하면서 관람할 수 있는 곳도 있는데 물론 입장료가 다릅니다. '표를 예약하다'는 预订票(yùdìng piào)입니다.

여기서 티켓을 예약할 수 있나요?

在这里能预订票吗?

Zài zhèli néng yùdìng piào ma

짜이 쩌리 넝 위띵 퍄오 마

몇 시에 시작되죠?

几点开始?

Jǐdiǎn kāishǐ

지디엔 카이스

몇 명이면 단체표를 살 수 있죠?

多少人可以买团体票?

Duōshao rén kěyǐ mǎi tuántǐpiào

뚜어샤오 런 크어이 마이 투안티퍄오

이 티켓으로 모든 전시를 볼 수 있나요?

用这张票可以看所有展览吗?

Yòng zhè zhāng piào kěyǐ kàn suǒyǒu zhǎnlǎn ma

용 쩌 장 퍄오 크어이 칸 쑤어여우 잔란 마

무료 팸플릿은 있나요?

有免费的小册子吗?

Yǒu miǎnfèi de xiǎocèzi ma

여우 미엔페이 더 샤오처즈 마

지금 들어가도 되나요?

现在也可以进去吗?

Xiànzài yě kěyǐ jìnqù ma

시엔짜이 이에 크어이 찐취 마

---

05 사진촬영을 부탁할 때

여기서 사진을 찍어도 될까요?
这儿可以拍照吗?
Zhèr kěyǐ páizhào ma
쩔 크어이 파이짜오 마

당신 사진을 찍어도 될까요?
我可以拍你的照片吗?
Wǒ keyǐ pāi nǐ de zhàopiàn ma
워 크어이 파이 니 더 짜오피엔 마

사진을 찍어 주시겠어요?
能帮我照张相吗?
Néng bāng wǒ zhào zhāng xiāng ma
넝 빵 워 짜오 장 시앙 마

다시 한번 부탁할게요.
请再照一张。
Qǐng zài zhào yì zhāng
칭 짜이 짜오 이 장

'사진을 찍다'라는 말은 照相(zhàoxiàng)이라고 합니다. 문장에서 동사로 쓰이면 '사진을 찍다', 명사로 쓰이면 '사진'이란 뜻입니다. 비슷한 표현으로 拍照(páizhào)도 있습니다. 여럿이 함께 사진을 찍거나 같이 찍은 단체사진을 合影(héyǐng)이라고 합니다. 관광지에 가면 사진을 찍으면 안 되는 곳도 있는데 보통 请勿拍照나 禁止拍照라는 안내문이 있습니다.

여기서 사진을 찍어도 될까요?

这儿可以拍照吗?

Zhèr kěyǐ páizhào ma

쩔 크어이 파이짜오 마

우리 같이 찍어요.

我们照一张合影吧。

Wǒmen zhào yì zhāng héyǐng ba

워먼 짜오 이 장 흐어잉 바

여기서 우리들 좀 찍어 주세요.

请在这里给我们照相。

Qǐng zài zhèli gěi wǒmen zhàoxiàng

칭 짜이 쩌리 게이 워먼 짜오시앙

사진 한 장 찍어주실래요?

请帮我们照一张，好吗?

Qǐng bāng wǒmen zhào yì zhāng, hǎo ma

칭 빵 워먼 짜오 이 장, 하오 마

찍을게요. 웃으세요.

要照了，笑一笑。

Yào zhào le, xiào yíxiào

야오 짜오 러, 샤오 이샤오

다시 한번 부탁할게요.

请再照一张。

Qǐng zài zhào yì zhāng

칭 짜이 짜오 이 장

기본

출국

숙박

외출

관광

식사

방문

쇼핑

트러블

131

몇 시에 시작됩니까?

几点开始?

Jǐ diǎn kāishǐ

지 디엔 카이스

무대 근처 자리로 주세요.

请给我一个舞台附近的座位。

Qǐng gei wǒ yíge wǔtái fùjìn de zuòwèi

칭 게이 워 이거 우타이 푸찐 더 쭈어웨이

입장료는 얼마죠?

门票一张多少钱?

Ménpiào yì zhāng duōshǎo qián

먼퍄오 이 장 뚜어샤오 치엔

이 클럽의 쇼는 어떤 것입니까?

这个俱乐部的表演是什么?

Zhège jùlèbù de biǎoyǎn shì shénme

쩌거 쥐러뿌 더 뱌오이엔 스 션머

중국에서는 노래방을 주로 KTV라고 부릅니다. 영상을 보여주는 TV가 있다는 의미에서 붙여진 이름으로 다양한 예술 조형물, 화려한 조명, 대형 스크린을 갖추고 있습니다. KTV는 편의점을 함께 하기 때문에 갈증이나 배고픔을 달래주기에도 충분합니다. 또한 KTV는 우리와는 다르게 음주가 가능하여 맥주부터 양주, 고량주, 그리고 와인까지 갖춰져 있으며 안줏거리도 준비되어 있습니다.

모르면 대략난감 Best Expressions

이 근방에 노래방 있나요?

这附近有没有歌舞厅?

Zhè fùjìn yǒu méi yǒu gēwǔtīng

쩌 푸찐 여우 메이 여우 끄어우팅

한국 노래를 할 줄 아세요?

你会唱韩国歌吗?

Nǐ huì chàng Hánguó gē ma

니 후이 창 한구어 끄어 마

이 근방에 나이트 있나요?

这附近有夜总会吗?

Zhè fùjìn yǒu yèzǒnghuì ma

쩌 푸찐 여우 이에종후이 마

예약을 해야 하나요?

要不要预订?

Yào bú yào yùdìng

야오 부 야오 위띵

입장료는 얼마죠?

门票一张多少钱?

Ménpiào yì zhāng duōshǎo qián

먼퍄오 이 장 뚜어샤오 치엔

함께 춤을 추시겠습니까?

可以跟您跳个舞吗?

Kěyǐ gēn nín tiào gè wǔ ma

크어이 껀 닌 탸오 꺼 우 마

기본 / 출국 / 숙박 / 외출 / 관광 / 식사 / 방문 / 쇼핑 / 트러블

133

____을 하고 싶은데요.
我想(打)____。
Wǒ xiǎng (dǎ)
워 시앙 (다)

골프
高尔夫
까오얼푸

서핑
冲浪
총랑

테니스
网球
왕치우

수영
游泳
여우용

스키
滑雪
후아쉬에

다이빙
跳水
타오수이

하루에 얼마입니까?
一天多少钱?
Yìtiān duōshao qián
이티엔 뚜어샤오 치엔

용구를 빌릴 수 있나요?
能借到用具吗?
Néng jiè dào yòngjù ma
넝 지에 따오 용쥐 마

용구는 어디서 빌릴 수 있나요?
用具在哪儿可以借?
Yòngjù zài nǎr kéyǐ jiè
용쥐 짜이 날 크어이 지에

중국인에게 인기 있는 스포츠는 축구, 농구 등이 있습니다. 탁구는 중국이 최강으로 각 지역 학교마다 있지만 길거리에서 흔히 볼수 있는 스포츠는 농구입니다. 그 외에 베드민턴, 수영 등이 있습니다. 스포츠에 관한 화제는 상대와의 공통점을 발견할 수 있는 좋은 기회로 쉽게 친해질 수 있는 계기가 됩니다. 상대가 어떤 스포츠를 좋아하는지 일단 물어보세요.

골프를 치고 싶은데요.

我想打高尔夫球。

Wǒ xiǎng dǎ gāoěrfūqiú

워 시앙 다 까오얼푸치우

내일 플레이할 수 있나요?

你明天能打比赛吗?

Nǐ míngtiān néng dǎ bǐsài ma

니 밍티엔 넝 다 비싸이 마

초보자도 괜찮습니까?

新手也可以吗?

Xīnshou yě keyǐ ma

신셔우 이에 크어이 마

스키를 타고 싶은데요.

我想滑雪。

Wǒ xiǎng huáxuě

워 시앙 후아쉬에

레슨을 받고 싶은데요.

我想滑雪训练。

Wǒ xiǎng huáxuě xùnliàn

워 시앙 후아쉬에 쉰리엔

등산은 좋아하세요?

你喜欢登山吗?

Nǐ xǐhuān dēngshān ma

니 시후안 떵샨 마

알아두면 금상첨화 **Bonus Expressions**

👆 중국의 주요 유적지

만리장성

총 길이가 2,700km로 진시황이 흉노족의 침입에 대비해 쌓았는데, 현재의 돌로 쌓은 성의 모습은 명나라 때 완성된 것으로 유네스코의 세계 문화 유산으로 지정되어 있습니다.

자금성

명과 청의 궁궐로 세계 최대의 규모입니다. 지금은 고궁 박물원으로 일반에게 공개되고 있으며 9999개의 방이 있을 정도의 큰 규모입니다.

톈안먼 광장

자금성의 남문 앞 광장으로 베이징의 중심이며 현대 중국의 상징이기도 합니다. 지금도 여러 국가 행사를 많이 하고 있습니다.

취푸

공자의 고향으로 공자의 제사를 지내는 큰 사당인 공자묘, 공자 일가 역대 자손들의 무덤인 공자림이 있습니다.

난징

강남의 중심으로 명태조 주원장이 명을 세운 곳으로 태평천국의 수도, 아편 전쟁 후 맺은 난징조약, 신해혁명 후 중화민국이 세워진 곳입니다.

룽먼 석굴

위·진·남북조 시대부터 당에 걸쳐 만들어진 2300여 개의 석굴로 10만 점이 넘는 불상과 40여 개의 탑이 있습니다.

윈강 석굴

중국에서 가장 큰 석굴 사원으로 위·진·남북조 시기에 만들어졌는데, 간다라 양식의 영향을 받아 그리스인을 닮은 간다라 불상과 비슷합니다.

진시황릉

중국 최초의 황제인 진시황제의 묘지로 무덤과 함께 병사들의 모습을 사실적으로 표현한 병마용갱이 발견되어 세계를 놀라게 했습니다.

Part 6

식사

이 근처에 추천할만한 _____ 식당이 있나요?
这附近有可以推荐的 _____ 餐厅吗?
Zhè fùjìn yǒu kěyǐ tuījiàn de _____ cāntīng ma
저 푸찐 여우 크어이 투이지엔 더 _____ 찬팅 마

한국
韩国
한구어

일본
日本
르번

이탈리아
意大利
이따리

중국
中国
쭝구어

미국
美国
메이구어

프랑스
法国
파구어

여기서 가까운 한국식당은 어디에 있습니까?
离这儿近的韩国餐厅在哪儿?
Lí zhèr jìn de hánguó cāntīng zài nǎr
리 절 찐 더 한구어 찬팅 짜이 날

여행을 하다 보면 먹거리의 즐거움을 빼놓을 수 없습니다. 대도시를 제외하곤 한국식당을 찾기란 그리 쉽지 않은데 크게 비위에 상하지 않으면 될 수 있는 한 그 나라의 전통적인 음식을 맛보면서 다양한 먹거리를 체험해 보는 것도 좋습니다. 근처에 한국음식점이 있는지를 물을 때는 这附近有韩式餐厅吗(Zhè fùjìn yǒu hánshì cāntīng ma)?라고 하면 됩니다.

저기요, 이 근처에 괜찮은 식당 좀 알려 주시겠어요?

请问，这儿附近有没有好一点的餐厅？

Qǐngwèn, zhèr fùjìn yǒu méi yǒu hǎo yìdiǎn de cāntīng

칭원, 쩔 푸찐 여우 메이 여우 하오 이디엔 더 찬팅

여기 명물요리를 먹고 싶은데요.

我很想尝尝本地的风味。

Wǒ hěn xiǎng chángcháng běndì de fēngwèi

워 흐언 시앙 창창 번띠 더 펑웨이

이 근처에 한식점이 있습니까?

这附近有韩式餐厅吗？

Zhè fùjìn yǒu hánshì cāntīng ma

쩌 푸찐 여우 한스 찬팅 마

별로 안 비싼 식당이 좋겠는데요.

最好是便宜一点的餐厅。

Zuìhǎo shì piányi yìdiǎn de cāntīng

쭈이하오 스 피엔이 이디엔 더 찬팅

조용한 분위기의 식당이 좋겠는데요.

我喜欢比较安静的餐厅。

Wǒ xǐhuan bǐjiào ānjìng de cāntīng

워 시후안 비쟈오 안찡 더 찬팅

사람이 많은 식당이 좋겠는데요.

我喜欢热闹一点的餐厅。

Wǒ xǐhuān rènao yìdiǎn de cāntīng

워 시후안 르어나오 이디엔 더 찬팅

---

02 식당 예약

그 식당은 예약이 필요합니까?
那家餐厅需要预订吗?
Nà jiā cāntīng xūyào yùdìng ma
나 지아 찬팅 쉬야오 위띵 마

언제 / 몇 사람분 / 좌석을 예약하고 싶습니다.
我想订＿＿＿的＿＿＿个人的位子。
Wo xiǎng dìng / de / gèrén de wèizi
워 시앙 띵 / 더 / 꺼런 더 웨이즈

창가쪽 조용한 테이블로 주세요.
请给我一张窗边安静的桌子。
Qǐng gěi wǒ yì zhāng chuāngbiān ānjìng de zhuōzi
칭 게이 워 이 장 추앙비엔 안찡 더 쭈어즈

가게는 어디입니까?
那家餐厅在哪儿?
Nà jiā cāntīng zài nǎr
나 지아 찬팅 짜이 날

중국음식은 모든 사람이 부담감 없이 먹을 수 있습니다. 중국어로 식당은 **饭馆**(fànguǎn) 또는 **饭店**(fàndiàn)이라고 합니다. 고급음식점부터 분식집 같은 작은 식당, 도시락이나 덮밥 등 간단한 음식을 포장해주는 길거리 음식점까지 다양합니다. 규모가 큰 음식점에서는 넓은 홀보다 작은방 **包间**(bāojiān)을 이용하면 조용하고 편하게 주문해서 먹을 수 있습니다.

모르면 대략난감 **Best Expressions**

예약을 하고 싶은데, 빈자리가 있나요?

我要预定, 有空席吗?

Wǒ yào yùdìng, yǒu kòngxí ma
워 야오 위띵, 여우 콩시 마

룸으로 예약할게요.

我要预定包房。

Wǒ yào yùdìng bāofáng
워 야오 위띵 빠오팡

창가 테이블로 주세요.

我要预定靠近窗户的餐桌。

Wǒ yào yùdìng kàojìn chuānghu de cānzhuō
워 야오 위띵 카오찐 추앙후 더 찬쭈어

몇 테이블 예약하시겠습니까?

您要预定几桌?

Nín yào yùdìng jǐ zhuō
닌 야오 위띵 지 쭈어

세트메뉴로 예약할게요.

我要预定套餐。

Wǒ yào yùdìng tàocān
워 야오 위띵 타오찬

성함과 전화번호를 말씀해 주십시오.

请告诉我您的姓名和电话号吗?

Qǐng gàosu wǒ nín de xìngmíng hé diànhuàhào ma
칭 까오쑤 워 닌 더 싱밍 흐어 디엔화하오 마

예약한 _____ 입니다.
我是预定的_____。
Wǒ shì yùdìng de
워 스 위띵 더

예약을 안 했는데, 테이블은 있나요?
没有预定, 有桌子吗?
Méiyǒu yùdìng, yǒu zhuōzi ma
메이여우 위띵, 여우 쭈어즈 마

얼마나 기다려야 하죠?
要等多长时间?
Yào děng duōcháng shíjiān
야오 덩 뚜어창 스지엔

여행 중에 찾아오는 공복을 해결하기 위해 원하는 식당을 찾아갔는데 자리가 다 찼거나 줄을 서서 기다리는 상황이라면 입구에서 기다렸다 종업원의 안내에 따라 자리에 앉으면 됩니다. 그렇지 않은 식당이라면 일단 들어가서 자리에 앉습니다. 만약 미리 예약을 하고 식당에 왔다면 점원에게 이름을 말하면 시간과 인원을 확인한 후 친절하게 안내해줄 겁니다.

모르면 대략난감 **Best Expressions**

어서 오십시오. 예약은 하셨습니까?

欢迎光临, 您预定了吗?

Huānyíng guānglín, nín yùdìng le ma

후안잉 꾸앙린, 닌 위띵 러 마

죄송합니다만, 자리가 다 찼습니다.

对不起, 已经客满了。

Duìbuqǐ, yǐjīng kè mǎn le

뚜이부치, 이찡 크어 만 러

얼마나 기다려야 하죠?

要等多长时间?

Yào děng duōcháng shíjiān

야오 덩 뚜어창 스지엔

빈 좌석이 있습니다. 이쪽으로 오십시오.

还有空桌, 请跟我来。

Háiyǒu kòngzhuō, qǐng gēn wǒ lái

하이여우 콩쭈어, 칭 껀 워 라이

지금은 자리가 다 차서 좌석이 없습니다.

现在已经满了, 没有空桌。

Xiànzài yǐjīng mǎn le, méiyǒu kòngzhuō

시엔짜이 이찡 만 러, 메이여우 콩쭈어

창가 쪽 좌석으로 주세요.

我要靠近窗户的位子。

Wǒ yào kàojìn chuānghu de wèizi

워 야오 카오찐 추앙후 더 웨이즈

기본 출국 숙박 외출 관광 식사 방문 쇼핑 트러블

오늘 특별요리는 무엇인가요?
今天的特餐是什么?
Jīntiān de tè cān shì shénme
찐티엔 더 트어 찬 스 션머

어느 것을 추천하시겠어요?
今天的推荐菜是什么呢?
Jīntiān de tuījiàn cài shì shénme ne
찐티엔 더 투이지엔 차이 스 션머 너

그 요리는 금방 됩니까?
那菜马上就能好吗?
Nà cài mǎshàng jiù néng hǎo ma
나 차이 마샹 지우 넝 하오 마

그걸로 하겠습니다.
我要一个那个。
Wǒ yào yígè nàge
워 야오 이꺼 나거

(메뉴를 가리키며) 이것과 이것을 주세요.
给我这个和这个。
Gěi wǒ zhège hé zhège
게이 워 쩌거 흐어 쩌거

말이 잘 통하지 않더라도 대부분의 식당이 메뉴와 함께 그 요리에 관한 사진이 있으므로 메뉴판을 보면 그 요리 내용을 대충 알 수 있습니다. 메뉴를 보고 싶을 때는 종업원에게 请给我看一下菜单(Qǐng gěi wǒ kàn yíxià càidān)이라고 합니다. 또한 메뉴에 있는 요리를 알고 싶을 때 这是什么菜(Zhè shì shénme cài)?라고 물으면 종업원은 친절하게 설명해줍니다.

어떤 요리를 주문하겠습니까?

您要点什么菜?
Nín yàodiǎn shénme cài
닌 야오디엔 션머 차이

어느 게 괜찮아요?

点哪个好?
Diǎn nǎge hǎo
디엔 나거 하오

이곳 명물요리는 있나요?

有本地名菜吗?
Yǒu běndì míngcài ma
여우 번띠 밍차이 마

여기서 제일 잘하는 요리는 뭔가요?

你们这儿最拿手的菜是什么?
Nǐmen zhèr zuì náshǒu de cài shì shénme
니먼 쩔 쭈이 나셔우 더 차이 스 션머

이건 무슨 요리죠?

这是什么菜?
Zhè shì shénme cài
쩌 스 션머 차이

이 요리 특색은 뭔가요?

这是什么风味的菜?
Zhè shì shénme fēngwèi de cài
쩌 스 션머 펑웨이 더 차이

주문한 게 아직 안 나왔습니다.
点的菜还没上。
Diǎn de cài hái méi shàng
디엔 더 차이 하이 메이 샹

주문을 취소하고 싶은데요.
我想取消点菜。
Wǒ xiang qǔxiāo diǎncài
워 시앙 취샤오 디엔차이

주문을 바꿔도 되겠습니까?
我可以换菜单吗?
Wǒ kéyǐ huàn càidān ma
워 크어이 후안 차이딴 마

이건 주문하지 않았는데요.
没点这菜啊。
Méi diǎn zhè cài a
메이 디엔 쩌 차이 아

많은 사람들로 식당이 붐빌 때는 가끔 종업원들도 헷갈리는 경우가 있습니다.
예를 들어 한참 기다려도 요리가 나오지 않을 때는 我们点的菜什么时候来
(Wǒmen diǎn de cài shénmeshíhòu lái)?라고 해보십시오. 또한 주문하지도
않은 요리가 나왔을 때는 这不是我们点的菜(Zhè búshì wǒmen diǎn de cài)
라고 말하면 됩니다.

우리가 주문한 요리는 언제 나와요?

我们点的菜什么时候来?

Wǒmen diǎn de cài shénmeshíhòu lái

워먼 디엔 더 차이 션머스허우 라이

이건 우리가 주문한 요리가 아닌데요.

这不是我们点的菜。

Zhè búshì wǒmen diǎn de cài

쩌 부스 워먼 디엔 더 차이

아직 요리가 한 가지 안 나왔는데요.

还有一道菜没上。

Háiyǒu yídào cài méi shàng

하이여우 이따오 차이 메이 샹

주문한 요리를 바꾸고 싶은데요.

我想换我们点的菜。

Wǒ xiǎng huàn wǒmen diǎn de cài

워 시앙 후안 워먼 디엔 더 차이

냄새가 이상해요. 상한 거 아닌가요?

味道奇怪，是不是变质了?

Wèidào qíguài, shì bú shì biànzhì le

웨이따오 치꽈이, 스 부 스 비엔쯔 러

이 고기는 덜 익은 것 같은데요.

这肉好象没熟透。

Zhè ròu hǎoxiàng méi shútòu

쩌 러우 하오시앙 메이 수터우

147

밥 한 공기 더 주세요.
再来一碗米饭。
Zài lái yìwǎn mǐfàn
짜이 라이 이완 미판

다른 건 없나요?
没有别的菜吗?
Méiyǒu biéde cài ma
메이여우 비에더 차이 마

없습니다. 고마워요.
没有。谢谢。
Méiyǒu. Xièxie
메이여우. 시에시에

맛은 어떻습니까?
味道怎么样?
Wèidao zěnmeyàng
웨이다오 전머양

무척 맛있습니다. 고마워요.
很好吃。谢谢。
Hěn hǎochī. Xièxie
흐언 하오츠. 시에시에

중국의 먹을 거리 문화는 세계적으로 유명합니다. 지역별로 재료와 맛의 차이가 독특하고 특유의 향료를 사용하기도 하지만, 출장자들이 며칠 보내며 식사를 해결하는 데는 거의 문제가 없습니다. 외국인 투자 증가와 유동인구의 증가로 한식, 일식 등 다양한 식당이 속속 생겨나고 있어 대도시의 경우 전 세계 다양한 음식을 중국에서 찾을 수 있습니다.

접시 하나 주세요.

我要一个碟子。

Wǒ yào yí gè diézi

워 야오 이 꺼 띠에즈

젓가락을 바꿔주세요.

我要换一双筷子。

Wǒ yào huàn yì shuāng kuàizi

워 야오 후안 이 수앙 콰이즈

젓가락 하나 더 주세요.

请再拿一双筷子。

Qǐng zài ná yì shuāng kuàizi

칭 짜이 나 이 수앙 콰이즈

밥 한 공기 더 주세요.

再来一碗米饭。

Zài lái yì wǎn mǐfàn

짜이 라이 이 완 미판

물 한 컵 갖다줄래요?

来一杯水可以吗?

Lái yì bēi shuǐ kěyǐ ma

라이 이 뻬이 수이 크어이 마

티슈 좀 갖다 주세요.

请给我拿餐巾纸。

Qǐng gěi wǒ ná cānjīnzhǐ

칭 게이 워 나 찬찐즈

07 음식맛의 표현

맛이 어때요?
味道怎么样?
Wèidao zěnmeyàng
웨이다오 전머양

이 요리는 아주 맛있네요.
这道菜很好吃。
Zhè dao cài hěn hàochī
쩌 다오 차이 흐언 하오츠

음식맛을 물을 때는 味道怎么样(Wèidao zěnmeyàng)?이라고 합니다. 만약 음식이 맛있다면 很好吃(Hěn hǎochī)라고 하며, 반대로 맛이 없을 때는 不好 吃(bù hǎochī)라고 하면 됩니다. 중국식당에 가면 참으로 다양한 요리가 나옵 니다. 입맛을 나타내는 단어로는 甛(tián) 달다, 酸(suān) 시다, 苦(kǔ) 쓰다, 咸 (xián) 짜다, 辣(là) 맵다 등이 있습니다.

맛이 어때요?

味道怎么样?
Wèidao zěnmeyàng
웨이다오 전머양

맛이 없네요.

不好吃。
bù hǎochī
뿌 하오츠

이 요리 맛 좀 보세요.

请尝尝这道菜。
Qǐng chángcháng zhè dao cài
칭 창창 쩌 다오 차이

이 요리는 아주 향기로워요.

这道菜很香。
Zhè dao cài hěn xīang
쩌 다오 차이 흐언 시앙

보기만 해도 군침이 도네요.

看着我都流口水了。
Kànzhe wǒ dōu liú kǒushuǐ le
칸저 워 떠우 리우 커우수이 러

냄새를 맡아보세요. 아주 향기로워요.

你也闻一下, 很香。
Nǐ yě wén yíxià, hěn xīang
니 이에 원 이시아, 흐언 시앙

---

08 식당에서의 계산

잘 먹었습니다.
吃得很好。
Chī de hěn hǎo
츠 더 흐언 하오

계산은 어디서 하죠?
在哪儿结帐?
Zài nǎr jiézhàng
짜이 날 지에짱

따로따로 지불하고 싶은데요.
我想各自付钱。
Wǒ xiǎng gèzì fùqián
워 시앙 꺼즈 푸치엔

제가 계산할게요.
我来付钱。
Wǒ lái fùqián
워 라이 푸치엔

드디어 식사가 끝나면 손을 들어서 종업원(**服务员** fúwùyuán)을 불러 **我要结帐**(Wǒ yào jiézhàng)라고 계산서를 부탁하거나, 계산을 어디서 하는지 물을 때는 **在哪儿结帐**(Zài nǎr jiézhàng)?이라고 말하면 됩니다. 음식값이 모두 얼마 나왔는지 물을 때는 **一共多少钱**(Yígòng duōshǎo qián)?이라고 하며, 자신이 계산할 때는 **我来付钱**(Wǒ lái fùqián)이라고 합니다.

계산 좀 할게요.
我要结帐。
Wǒ yào jiézhàng
워 야오 지에짱

계산은 어디서 하죠?
在哪儿结帐?
Zài nǎr jiézhàng
짜이 날 지에짱

모두 얼마예요?
一共多少钱?
Yígòng duōshǎo qián
이꽁 뚜어샤오 치엔

여기에 사인하십시오.
请您在这儿签字。
Qǐng nín zài zhèr qiānzì
칭 닌 짜이 쩔 치엔쯔

영수증을 주세요.
请给我开发票。
Qǐng gěi wǒ kāi fāpiào
칭 게이 워 카이 파퍄오

제가 계산할게요.
我来付钱。
Wǒ lái fùqián
워 라이 푸치엔

153

09 술을 마실 때

_____을 주세요.
请给我_____。
Qǐng gei wǒ
칭 게이 워

▷ 마실 것

와인
葡萄酒
푸타오지우

위스키
威士忌
웨이스찌

고량주
高粱酒
까오리앙지우

배갈
白酒
바이지우

칵테일
鸡尾酒
지웨이지우

소주
烧酒
샤오지우

맥주
啤酒
피지우

생맥주
生啤
셩피

중국어 '건배'는 干杯(gānbēi)라고 합니다. 글자 그대로 잔을 비운다는 뜻인데 来,干一杯 (Lái gān yì bēi)라고 하면 '자, 한 잔 마셔요'의 의미입니다. 건배를 제의할 때는 为了~, 干(wèi le ~gānbēi)!라고 하는데 '~을 위하여, 건배!'의 뜻입니다. 보통의 경우 잔을 비우지 않고 술을 남겨두면 다른 사람들이 억지로 마시라고 강요하지 않습니다.

식사 전에 한 잔 하시죠?

饭前喝一杯吧。

Fànqián hē yìbēi ba

판치엔 흐어 이뻬이 바

술 종류 좀 볼까요?

看一下酒水单吧。

Kàn yíxià jiǔshuǐ dān ba

칸 이시아 지우수이 딴 바

저는 콩푸쟈주를 마시고 싶군요.

我想喝孔府家酒。

Wǒ xiǎng hē Kǒngfǔjiājiǔ

워 시앙 흐어 콩푸지아지우

맥주 한 병 더 주세요.

再来一瓶啤酒。

Zài lái yìpíng píjiǔ

짜이 라이 이핑 피지우

이 맥주를 찬 것으로 바꿔주세요.

把这啤酒换成冰镇的。

Bǎ zhè píjiǔ huànchéng bīngzhèn de

바 쩌 피지우 후안청 삥전 더

어떤 종류의 안주가 있나요?

都有什么下酒菜?

Dōu yǒu shénme xià jiǔcài

떠우 여우 션머 시아 지우차이

---

10 패스트푸드점에서

햄버거
汉堡包
한바오빠오

핫도그
热狗
르어거우

피자
比萨
비싸

프라이드 포테이토
油炸土豆
여우짜투떠우

프라이드치킨
原味炸鸡
위엔웨이자찌

도넛
甜甜圈
티엔티엔취엔

아이스크림
冰淇淋
삥치린

비스킷
饼干
빙깐

샐러드
色拉
써라

샌드위치
三明治
싼밍즈

중국인도 일상이 바빠지면서 패스트푸드점을 많이 이용합니다. 패스트푸드점은 레스토랑보다 훨씬 가볍게 이용할 수 있어서 시간에 쫓기는 사람들에게는 간단하게 배를 채울 수 있어서 딱 좋습니다. 시간이 많아도 그 자리에서 만들어 주는 샌드위치나 핫도그, 포테이토칩 등을 좋아해서 굳이 찾아가서 먹는 사람도 있습니다. 거기서 먹을 때는 在这里吃(Zài zhèlǐ chī)라고 하면 됩니다.

햄버거랑 커피 주세요.

请给我汉堡和咖啡。

Qǐng gěi wǒ hànbǎo hé kāfēi

칭 게이 워 한바오 흐어 카페이

2번 세트로 주세요.

请给我二号套餐。

Qǐng gěi wǒ èr hào tàocān

칭 게이 워 얼 하오 타오찬

핫도그하고 콜라 작은 걸로 주세요.

请给我热狗和小可乐。

Qǐng gěi wǒ règǒu hé xiao kělè

칭 게이 워 르어거우 흐어 샤오 크어러

(요리를 가리키며) 이걸 샌드위치에 넣어 주세요.

请把这个放进三明治里。

Qǐng bǎ zhège fàng jìn sānmíngzhì lǐ

칭 바 쩌거 팡 찐 싼밍즈 리

피자하고 치킨 주세요.

请给我披萨和炸鸡。

Qǐng gěi wǒ pīsà hé zhàjī

칭 게이 워 피싸 흐어 자찌

여기서 드시겠습니까, 아니면 가지고 가실 겁니까?

在这里吃还是带走?

Zài zhèlǐ chī hái shì dàizǒu

짜이 쩌리 츠 하이 스 따이저우

157

▷ 테이블 세팅

소금
盐
이엔

후추
胡椒
후쟈오

설탕
食糖
스탕

간장
酱油
지앙여우

컵
杯子
뻬이즈

젓가락
筷子
콰이즈

숟가락
汤匙
탕츠

냅킨
餐巾
찬찐

포크
叉子
차즈

쟁반
盘子
판즈

나이프
小刀
샤오따오

스푼
勺子
샤오즈

▷ 음료 Aperitif

콜라
可乐
크어러

오렌지쥬스
橙汁
청즈

적포도주
红葡萄酒
홍 푸타오지우

백포도주
白葡萄酒
바이 푸타오지우

▷ 전채 Appetizer

새우칵테일
鲜虾盅
시엔시아종

햄
火腿
후어투이

멸치
鳀鱼
티위

훈제연어
烟熏三文鱼
이엔쉰싼웬위

▷ 수프 Soup

야채수프
蔬菜汤
수차이탕

크림수프
奶油汤
나이여우탕

양파수프
洋葱汤
양총탕

콘소메
清炖肉汤
칭뚠러우탕

▷ 빵 Bread

슬라이스 빵
切面包
치에미엔빠오

롤빵
面包卷
미엔빠오쥐엔

밥
饭
판

소고기
牛肉
니우러우

바닷가재
龙虾
롱시아

개고기
狗肉
꺼우러우

닭고기
鸡肉
지러우

돼지고기
猪肉
쭈러우

양고기
羊肉
양러우

오리고기
鸭肉
야오러우

새우
虾子
시아즈

연어
鲑鱼
꾸이위

대합조개
文蛤
웬그어

가자미
鲽鱼
디에위

게
螃蟹
팡시에

넙치
牙鲆
야핑

굴
蚝
하오

채소
蔬菜
수차이

▷ 요리법

삶다
煮
주

기름에 튀기다
油炸
여우자

찌다
蒸
쩡

굽다
烤
카오

구이
烧烤
샤오카오

오븐으로 굽다
用烤箱烤
용 카오시앙 카오

살짝 지지다
煎
지엔

데치다
焯
차오

부글부글 끓이다
煮沸
주페이

속을 채우다
填
티엔

훈제하다
熏制
쉰즈

얇게 자르다
切片
치에피엔

식히다
凉
리앙

▷ 샐러드

야채샐러드
蔬菜沙拉
수차이 사라

주방장 샐러드
厨师沙拉
추팡 사라

버무린 샐러드
拌沙拉
빤 사라

해산물 샐러드
海鲜沙拉
하이시엔 사라

프렌치 드레싱
法式调料
파스 탸오랴오

이탈리아 드래싱
意大利调料
이따리 탸오랴오

블루치즈
蓝纹奶酪
란웬나이라오

샐러드 드레싱
色拉调料
써라 탸오랴오

▷ 디저트

아이스크림
冰淇淋
삥치린

케이크
蛋糕
땅까오

젤리
软糖
루안탕

슬러시
冰沙
삥싸

과일
水果
수이구어

푸딩
布丁
푸띵

> ▷ 한국인이 좋아하는 중국요리

자장면
炸酱面
자지앙미엔

짬봉
海鲜面
하이시엔미엔

땅수육
糖醋肉
탕추러우

볶음밥
炒饭
차오판

만두
饺子
쟈오즈

팔보채
八宝菜
빠바오차이

양장피
凉拌拉皮
리엔빤라피

동파육
东坡肉
똥포어러우

누룽지탕
锅巴汤
꾸어빠탕

산라탕
酸辣汤
쑤안라탕

마파두부
麻婆豆腐
마포어떠우푸

완자탕
丸子汤
완즈탕

난자완스
南煎丸子
난지엔완즈

깐풍기
干烹鸡
깐펑지

라조기
辣子鸡
라즈지

고추잡채밥
炒肉饭
차오러우판

☞ 중국의 4대 요리

베이징 요리

베이징(北京)은 청나라 때부터 궁중을 중심으로 각지에서 진상품과 우수한 요리사들이 모여 음식 문화를 발달시켰습니다. 밀의 생산이 많아 면류, 만두, 전병 종류가 많은 것도 특징입니다. 중국요리의 별칭인 '청요리'도 이때 유래된 것으로 대표적인 음식은 오리요리이고, 우리나라에서 흔히 볼 수 있는 중국집은 대부분 이 베이징 요리법을 따르고 있습니다.

상하이 요리

상하이(上海)는 항구도시로 국제적인 풍미를 갖추었으며, 비교적 바다와 가깝기 때문에 해산물을 많이 이용합니다. 음식의 색이 화려하고 선명하도록 만들며, 그 지방의 특산품인 간장과 설탕을 써서 진하고 달콤하며 기름지게 만드는 것이 특징입니다. 상하이의 게 요리는 전 세계 식도락가들이 최고로 뽑는 진미입니다.

쓰촨 요리

쓰촨(四川)은 중국의 곡창 지대로 해산물을 제외한 사계절 산물이 모두 풍성해 야생 동식물이나 채소류, 민물고기를 주재료로 한 요리가 많습니다. 더위와 추위가 심해 향신료를 많이 쓴 요리가 발달하여 매운 요리와 마늘, 파, 고추를 사용하는 요리가 많습니다. 깨끗함, 신선함, 순수함과 진함이 함께 느껴지는 저리고 매운 맛을 잘 사용하는 것으로 유명한데, 누룽지탕, 마파두부 등이 대표적입니다.

광둥 요리

광둥(广东)은 동남 연해에 위치하여 기후가 온화하고 음식 재료가 풍부하여 요리가 무척 발달한 곳입니다. 특히 외국과의 교류가 많은 지역으로 전통 요리와 국제적인 요리의 특성이 조화를 이뤄 독특하게 발달하였습니다. 간을 싱겁게 하고 기름도 적게 써 가장 대중적인 요리로 꼽으며, 탕수육과 팔보채, 중국 요리의 보석으로 꼽히는 딤섬도 광둥 요리입니다.

Part 7

방문

여보세요, 장선생님 부탁합니다.
喂, 请张先生接电话。
Wéi, qǐng Zhāng xiānsheng jiē diànhuà
웨이, 칭 장 시엔성 지에 디엔화

전데요, 이선생님이신가요?
我就是, 是李先生吗?
Wǒ jiù shì, shì Lǐ xiānsheng ma
워 지우 스, 스 리 시엔성 마

전화는 상대방의 얼굴 표정이 보이지 않으므로 말을 정확히 알아들어야 하고 자기 의사를 분명하게 밝히는 게 중요합니다. 전화를 걸 때는 먼저 자신의 이름이나 소속을 알리는 게 예의입니다. '~를 바꿔 주십시오'라고 할 때는 请 ~接电话(qǐng ~ jiē diànhuà)라고 합니다. 전화로 '여보세요'라고 할 때에는 喂(wèi) 혹은 你好(nǐhǎo)라고 합니다.

여보세요.

喂。
Wèi
웨이

전화번호는 몇 번이죠?

你的电话号码是多少?
Nǐ de diànhuà hàomǎ shì duōshao
니 더 디엔화 하오마 스 뚜어샤오

여보세요, 536 3355죠?

喂, 5363355吗?
Wéi, wǔ sān liù sān sān wǔ wǔ ma
웨이, 우 싼 리우 싼 싼 우 우 마

여보세요, 이선생님 댁인가요?

喂, 李老师家吗?
Wéi, Lǐ lǎoshī jiā ma
웨이, 리 라오스 지아 마

이선생님 좀 바꿔주세요.

请李老师接电话。
Qǐng Lǐ lǎoshī jiē diànhuà
칭 리 라오스 지에 디엔화

김부장님 계십니까?

请问, 金部长在不在?
Qǐngwèn, Jīn bùzhǎng zài bú zài
칭원, 찐 뿌장 짜이 부 짜이

02 전화를 받을 때

죄송한데 지금 전화를 받기 곤란하십니다.
对不起, 他现在不能接电话。
Duìbuqǐ, tā xiànzài bùnéng jiē diànhuà
뚜이부치, 타 시엔짜이 뿌넝 지에 디엔화

그러면 제게 전화 해달라고 전해주시겠어요?
那转告他给我回电话, 好吗?
Nà zhuǎngào tā gěi wǒ huí diànhuà, hǎo ma
나 주앙까오 타 게이 워 후이 디엔화, 하오 마

전화를 받을 때도 보통 喂(wéi)라고 합니다. 회사나 근무처일 경우에는 喂, 你
好(Wéi nǐhǎo) 다음에 근무처 이름을 말합니다. 상대방을 확인할 때는 你是谁
(Nǐ shì shuí)?라고 하기보다 你是哪位(Nǐ shì nǎ wèi/누구십니까)?, 你是哪里
的(Nǐ shì nǎli de/어디십니까)?와 같이 말하는 편이 좋습니다. 누구를 찾는지
물을 때는 你找谁(Nǐ zhǎo shuí)?라고 합니다.

전화 좀 받아줄래요?

帮我接接电话，好吗?

Bāng wǒ jiējie diànhuà, hǎo ma

빵 워 지에지에 디엔화, 하오 마

누굴 찾으세요?

你找谁?

Nǐ zhǎo shuí

니 자오 수이

전데요, 누구시죠?

我就是，哪一位啊?

Wǒ jiùshì, nǎ yíwèi a

워 지우스, 나 이웨이 아

어느 분을 바꿔드릴까요?

请问，换哪一位?

Qǐngwèn, huàn nǎ yíwèi

칭원, 후안 나 이웨이

지금 자리에 안 계시는데요.

现在不在。

Xiànzài bú zài

시엔짜이 부 짜이

뭐라고 전해드릴까요?

我转告他什么?

Wǒ zhuǎngào tā shénme

워 주안까오 타 션머

---

03 약속을 청할 때

오늘 오후 스케줄 있어요?
今天下午怎么安排?
Jīntiān xiàwǔ zěnme ānpái
찐티엔 시아우 전머 안파이

오후에 회의가 있어요.
下午我要开会。
Xiàwǔ wǒ yào kāihuì
시아우 워 야오 카이후이

약속을 신청하는 입장에서는 먼저 상대방에게 편한 시간과 장소를 물어 불편하지 않도록 배려하는 것이 좋습니다. 상대방의 형편을 고려하지 않고 일방적으로 약속을 해서는 안 되며, 서로 착오가 일어나지 않도록 정확히 확인을 해둘 필요가 있습니다. 약속시간을 정할 때 '몇 시가 편하세요?'라고 물어보려면 你几点方便(Nǐ jǐ diǎn fāngbiàn)?이라고 합니다.

시간이 있으세요?

您看有时间吗?

Nín kàn yǒu shíjiān ma

닌 칸 여우 스지엔 마

이쪽으로 좀 와주시겠어요?

您能不能到我这里来?

Nín néng bù néng dào wǒ zhèlǐ lái

닌 넝 뿌 넝 따오 워 쩌리 라이

이번 주말에 시간 있으세요?

这个周末你有空吗?

Zhège zhōumò nǐ yǒukòng ma

쩌거 쩌우모어 니 여우콩 마

내일 약속 있으세요?

明天有没有约会?

Míngtiān yǒu méi yǒu yuēhuì

밍티엔 여우 메이 여우 위에후이

몇 시가 편하세요?

几点钟方便?

Jǐdiǎn zhōng fāngbiàn

지디엔 종 팡비엔

우리 어디에서 만날까요?

我们在哪儿见面?

Wǒmen zài nǎr jiànmiàn

워먼 짜이 날 지엔미엔

04 약속 제의에 응답할 때

오늘 오후 스케줄 있어요?
今天下午怎么安排？
Jīntiān xiàwǔ zěnme ānpái
찐티엔 시아우 전머 안파이

미안해요. 저녁에 약속이 있거든요.
对不起, 晚上我有约。
Duìbuqǐ, wǎnshang wǒ yǒu yuē
뚜이부치, 완샹 워 여우 위에

약속 신청을 받아들일 때는 자신의 스케줄을 먼저 점검해보고 가능한 시간을 말해야 하며, 부득이 거절할 때는 상대방의 기분이 상하지 않도록 이해를 시켜주어야 합니다. 상대방의 제의를 수락할 때 가장 간단한 응답은 好(hǎo)라고 하면 됩니다. 친구와 약속한 후 '올 때까지 기다릴게'라고 약속을 확인할 때 不见不散(bújiànbúsàn)이라고 합니다.

무슨 일로 절 만나자는 거죠?
你为什么要见我?
Nǐ wèishénme yào jiàn wǒ
니 웨이션머 야오 지엔 워

좋아요, 시간 괜찮아요.
好，我有时间。
Hǎo, wǒ yǒu shíjiān
하오, 워 여우 스지엔

미안해요, 제가 오늘 좀 바빠서요.
对不起，今天我有点儿忙。
Duìbuqǐ, jīntiān wǒ yǒu diǎnr máng
뚜이부치, 찐티엔 워 여우 디알 망

선약이 있어서요.
我已经有约了。
Wǒ yǐjīng yǒu yuē le
워 이찡 여우 위에 러

다음으로 미루는 게 좋겠어요.
我有别的事，改天吧。
Wǒ yǒu biéde shì, gǎitiān ba
워 여우 비에더 스, 가이티엔 바

오늘 누가 오기로 돼 있어요.
今天我约了人。
Jīntiān wǒ yuē le rén
찐티엔 워 위에 러 런

내일 모임이 있는데 당신도 오세요.
明天有聚会, 请你来玩儿。
Míngtiān yǒu jùhuì, qǐng nǐ lái wánr
밍티엔 여우 쮜후이, 칭 니 라이 왈

초대해주셔서 고마워요.
谢谢你的邀请。
Xièxie nǐ de yāoqǐng
시에시에 니 더 야오칭

일단 알게 된 사람이나 친구와 한층 더 친해지기 위해서는 자신의 집이나 파티에 초대해서 대화를 나누는 것은 서로의 거리낌 없는 친분을 쌓는 데 매우 중요한 의미를 갖습니다. 중국 사람들은 우리나라와 마찬가지로 기쁜 일이 있을 때 많은 사람들이 모여 축하를 해줍니다. 우리가 흔히 쓰는 '한 턱 내다'라는 표현은 중국어로 请客(qǐngkè)라고 합니다.

함께 저녁식사를 합시다.

一起吃晚饭吧。

Yìqǐ chī wǎnfàn ba

이치 츠 완판 바

내일 저희 집에 놀러 오십시오.

明天到我家玩儿吧。

Míngtiān dào wǒjiā wánr ba

밍티엔 따오 워지아 왈 바

점심을 대접하고 싶습니다.

我想请你吃午饭。

Wǒ xiǎng qǐng nǐ chī wǔfàn

워 시앙 칭 니 츠 우판

술을 대접하고 싶습니다.

我想请你喝酒。

Wǒ xiǎng qǐng nǐ hējiǔ

워 시앙 칭 니 흐어지우

좋습니다. 가겠습니다.

好, 我愿意去。

Hǎo, wǒ yuànyì qù

하오, 워 위엔이 취

죄송합니다만, 다른 약속이 있습니다.

抱歉, 我有别的约会。

Bàoqiàn, wǒ yǒu biéde yuēhuì

빠오치엔, 워 여우 비에더 위에후이

작은 선물을 가져왔는데 받으세요.
我带来了小礼物, 请收下。
Wǒ dàilái le xiǎo lǐwù, qǐng shōu xià
워 따이라이 러 샤오 리우, 칭 셔우 시아

뭘 이런 걸 다, 고맙습니다.
你太客气了, 谢谢。
Nǐ tài kèqi le, xièxie
니 타이 크어치 러, 시에시에

집을 방문할 때는 家里有人吗(Jiālǐ yǒu rén ma)?라고 집안에 있는 사람을 부른 다음 집에서 사람이 나올 때까지 대문이나 현관에서 기다립니다. 주인이 나오면 谢谢你的招待(Xièxie nǐ de zhāodài)라고 초대에 대한 감사의 말을 하고, 준비한 선물을 我带来了小礼物, 请收下(Wǒ dài lái le xiǎo lǐwù, qǐng shōuxià)라고 건네며 주인의 안내에 따라 집안으로 들어서면 됩니다.

집에 아무도 안 계세요?

家里有人吗?
Jiālǐ yǒu rén ma
지아리 여우 런 마

초대해주셔서 감사합니다.

谢谢你的招待。
Xièxie nǐ de zhāodài
시에시에 니 더 자오따이

제가 너무 일찍 왔나 봐요.

我来得太早了吧。
Wǒ lái de tài zǎo le ba
워 라이 더 타이 자오 러 바

죄송합니다. 조금 늦었습니다.

对不起，我来晚了。
Duìbuqǐ, wǒ lái wǎn le
뚜이부치, 워 라이 완 러

조그만 선물을 가져왔습니다, 받아 주십시오.

我带来了小礼物，请收下。
Wǒ dàilái le xiǎo lǐwù, qǐng shōu xià
워 따이라이 러 샤오 리우, 칭 셔우 시아

이건 제 작은 성의니, 받아주십시오.

这是我小小的心意，请你收下吧。
Zhè shì wǒ xiǎoxiao de xīnyì, qǐng nǐ shōu xià ba
쩌 스 워 샤오샤오 더 신이, 칭 니 셔우 시아 바

177

> 어서 들어오세요. 환영합니다!
> 快请进, 欢迎你!
> Kuài qǐng jìn, huānyíng nǐ
> 콰이 칭 찐, 후안잉 니

> 감사합니다.
> 谢谢!
> Xièxie
> 시에시에

방문객을 맞이할 때는 欢迎(huānyíng)이라고 하는데 欢迎, 欢迎처럼 반복해서 말하기도 합니다. 음식점이나 영업장소에 가면 직원들이 고객을 맞이할 때 欢迎光临(huānyíng guānglín)이라고 말하는데 내 집을 방문한 손님께도 쓸 수 있습니다. 안으로 들어온 손님께는 请坐(qǐng zuò)라고 자리를 권하고 请喝茶(qǐng hē chá)라고 말하면서 차를 권합니다.

어서 오세요.

欢迎，欢迎。
Huānyíng, haūnyíng
후안잉, 후안잉

와 주셔서 감사합니다.

欢迎光临。
Huānyíng guānglín
후안잉 꾸앙린

들어오세요.

快请进。
Kuài qǐng jìn
콰이 칭 찐

이쪽으로 오시죠.

请这边来。
Qǐng zhèbiān lái
칭 쩌비엔 라이

편히 하세요.

随便一点。
Suíbiàn yìdiǎn
쑤이비엔 이디엔

오시느라 고생하셨어요.

路上辛苦了。
Lùshàng xīnkǔ le
루샹 신쿠 러

말씀 나누세요, 저는 식사 준비할게요.
你们谈, 我做饭去。
Nǐmen tán, wǒ zuò fàn qù
니먼 탄, 워 쭈어 판 취

정말 죄송하네요, 번거롭게 해드려서요.
真不好意思, 给您添麻烦了。
Zhēn bùhǎoyìsi, gěi nín tiān máfan le
쩐 뿌하오이쓰, 게이 닌 티엔 마판 러

중국인의 집을 방문하면 보통 먼저 차를 마시며 이야기를 나눈 후 식사를 하게 됩니다. 한국과 달리 집안일을 남편과 아내가 함께 나누어 하는 문화가 보편적 이어서 남편이나 아버지가 직접 앞치마를 두르고 음식을 준비하곤 합니다. 식사를 하기 전에 간단하게 술을 마시기도 하는데 술을 마시지 못할 경우 대신 음료수나 차를 마시면 됩니다.

차 좀 드세요.
请喝茶。
Qǐng hēchá
칭 흐어차

멀 좀 드실래요?
您要喝点儿什么?
Nín yào hē diǎnr shénme
닌 야오 흐어 디알 션머

녹차 한 잔 하시겠어요?
要不要来一杯绿茶?
Yào bú yào lái yìbēi lǜchá
야오 부 야오 라이 이뻬이 뤼차

마음껏 드세요.
多吃一点儿啊。
Duō chī yìdiǎnr a
뚜어 츠 이디알 아

사양하지 마시고, 집처럼 편하게 계세요.
你别客气，像在家一样。
Nǐ bié kèqi, xiàng zài jiā yíyàng
니 비에 크어치, 시앙 짜이 지아 이양

자, 사양하지 마세요.
来，请不要客气。
Lái, qǐng búyào kèqi
라이, 칭 부야오 크어치

기
본

출
국

숙
박

외
출

관
광

식
사

방
문

쇼
핑

트
러
블

09 방문을 마칠 때

시간이 늦었는데 이만 가보겠습니다.
时间不早了, 我该回去了。
Shíjiān bù zǎo le, wǒ gāi huíqù le
스지엔 뿌 자오 러, 워 까이 후이취 러

시간 있으면 다시 오세요. 안녕히 가세요.
如果你有空儿, 欢迎再来。再见。
Rúguǒ nǐ yǒu kòngr, huānyíng zài lái. Zàijiàn
루거우 니 여우 콜, 후안잉 짜이 라이. 짜이지엔

모임에서 먼저 자리를 떠나거나 방문을 마치고 돌아갈 때 我该走了(Wǒ gāi zǒu le) 또는 我该回去了(Wǒ gāi huíqù le)라고 인사합니다. 告辞(gàocí)라고 하면 '작별을 고하다'는 뜻입니다. 주인이 배웅을 나왔을 경우 '들어가세요'라고 만류할 때는 请回去吧(Qǐng huíqù ba) 또는 请留步(Qǐng liúbù)라고 합니다. 마지막으로 떠날 때는 초대에 대한 감사의 말도 잊지 않도록 합시다.

집에 가야겠어요.

我该回家了。

Wǒ gāi huíjiā le

워 까이 후이지아 러

대접 잘 받았습니다.

谢谢你的盛情款待。

Xièxì nǐ de shèngqíng kuǎndài

시에시에 니 더 셩칭 쿠안따이

너무 늦었어요. 이만 가볼게요.

时间不早了，我得回家了。

Shíjiān bù zǎo le, wǒ děi huíjiā le

스지엔 뿌 자오 러, 워 데이 후이지아 러

지금 가신다고요?

你这就要走?

Nǐ zhè jiùyào zǒu

니 쩌 지우야오 저우

좀 더 계시다 가세요.

急什么呀，再坐一会儿吧。

Jí shénme ya, zài zuò yíhuìr ba

지 션머 야, 짜이 쭈어 이후알 바

살펴 가세요. 시간이 있으면 또 놀러 오세요.

你慢走，有时间再来玩儿啊。

Nǐ màn zǒu, yǒu shíjiān zài lái wánr a

니 만 저우, 여우 스지엔 짜이 라이 왈 아

기본

출국

숙박

외출

관광

식사

방문

쇼핑

트러블

☞ 한국의 주요 도시

首尔 [Shǒu'ěr 셔우얼]	서울
仁川 [Rénchuān 런추안]	인천
釜山 [Fǔshān 푸샨]	부산
光州 [Guāngzhōu 꾸앙저우]	광주
大田 [Dàtián 따티엔]	대전
大丘 [Dàqiū 따치우]	대구

☞ 중국의 주요 도시

北京 [Běijīng 베이찡]	북경
上海 [Shànghǎi 샹하이]	상해
香港 [Xiānggǎng 시앙강]	홍콩
广州 [Guǎngzhōu 구앙저우]	광주
杭州 [Hángzhōu 항저우]	항주
苏州 [Sūzhōu 쑤저우]	소주
天津 [Tiānjīn 티엔찐]	천진
南京 [Nánjīng 난찡]	남경
青岛 [Qīngdǎo 칭다오]	청도
大连 [Dàlián 따리엔]	대련
沈阳 [Shěnyáng 션양]	심양
长春 [Chángchūn 창춘]	장춘
延吉 [Yánjí 이엔지]	연길
哈尔滨 [Hā'ěrbīn 하얼삔]	하얼빈

Part 8

쇼핑

01 쇼핑 안내를 받을 때

쇼핑센터는 어디에 있습니까?
购物中心在哪儿?
Gòuwù zhōngxīn zài nǎr
꺼우우 쭁신 짜이 날

이 도시의 쇼핑가는 어디에 있죠?
这个城市的购物街在哪里?
Zhège chéngshì de gòuwùjiē zài nǎli
쩌거 청스 더 꺼우우지에 짜이 나리

쇼핑 가이드는 있나요?
有购物导游吗?
Yǒu gòuwù dǎoyóu ma
여우 꺼우우 다오여우 마

해외여행을 하면서 쇼핑은 자국에서는 한 번도 접해보지 못한 물건들을 볼 수 있는 행운도 있고 또한 그 나라의 특성을 잘 나타내는 특산품을 구경할 수 있는 재미도 있습니다. 특히 현대식 백화점 같은 곳이 아닌 그 나라의 특성이 잘 나타나 있는 재래시장에서의 쇼핑은 비용도 적게 들뿐만 아니라 그 나라의 생활상을 엿볼 수 있는 좋은 기회가 될 것입니다.

이 도시의 쇼핑가는 어디에 있죠?

这个城市的购物街在哪里?

Zhège chéngshì de gòuwù jiē zài nǎli

쩌거 청스 더 꺼우우 지에 짜이 나리

선물은 어디서 살 수 있죠?

在哪儿可以买到礼物?

Zài nǎr kěyǐ mǎidào lǐwù

짜이 날 크어이 마이따오 리우

면세점은 있나요?

有免税店吗?

Yǒu miǎnshuìdiàn ma

여우 미엔수이디엔 마

이 주변에 백화점은 있나요?

这附近有百货商店吗?

Zhè fùjìn yǒu bǎihuòshāngdiàn ma

쩌 푸찐 여우 바이후어샹디엔 마

편의점을 찾고 있는데요.

我在找便利店。

Wǒ zài zhǎo biànlidiàn

워 짜이 자오 비엔리디엔

이 주변에 할인점은 있나요?

这附近有没有超市?

Zhè fùjìn yǒu méi yǒu chāoshì

쩌 푸찐 여우 메이 여우 차오스

기본

출국

숙박

외출

관광

식사

방문

쇼핑

트러블

계단
楼梯
러우티

판매원
售货员
셔우후어위엔

안내원
接待员
지에따이위엔

계산대
柜台
꾸이타이

진열장
展柜
잔꾸이

에스컬레이터
自动扶梯
즈똥푸티

엘리베이터
电梯
띠엔티

중국여행의 선물로 인기가 있는 품목은 주로 보이차와 같은 전통차와 마오타이주 같은 술 종류와 요리할 때 쓰는 향신료나 소스 등이 있으며, 골동품 등의 전통공예품을 들 수 있습니다. 이러한 품목들은 각지의 전문점은 물론, 백화점에서도 쉽게 구입할 수 있습니다. 여행에서 쇼핑도 빼놓을 수 없는 즐거움의 하나입니다. 꼭 필요한 품목은 미리 계획을 해두어 충동구매를 피하도록 합시다.

엘리베이터는 어디서 타죠?

在哪儿坐电梯?

Zài nǎr zuò diàntī
짜이 날 주어 띠엔티

안내소는 어디에 있죠?

咨询处在哪儿?

Zīxúnchù zài nǎr
쯔쉰추 짜이 날

문방구 매장을 찾는데요.

我找文具柜台。

Wǒ zhǎo wénjù guìtái
워 자오 원쮜 꾸이타이

전기용품은 몇 층에서 팔죠?

电器产品在几楼卖?

Diànqì chǎnpǐn zài jǐ lóu mài
띠엔치 찬핀 짜이 지 러우 마이

신용카드를 사용할 수 있나요?

可以用信用卡吗?

Kěyǐ yòng xìnyòngkǎ ma
크어이 용 신용카 마

세일은 언제 시작했죠?

打折什么时候开始的?

Dǎzhé shénmeshíhou kāishǐ de
다저 션머스허우 카이스 더

03 물건을 찾을 때

무엇을 찾으십니까?
您想买点什么?
Nín xiǎng mǎi diǎn shénme
닌 시앙 마이 디엔 션머

그냥 구경만 좀 하겠습니다.
只是随便看看。
Zhǐ shì suíbiàn kànkàn
즈 스 쑤이비엔 칸칸

_____을 좀 보여 주시겠어요?
能给我看一下_____吗?
Néng gěi wǒ kàn yíxià   ma
넝 게이 워 칸 이시아   마

중국에 가면 가족이나 동료들을 위해 선물을 준비하곤 합니다. 보통 차나 술, 장식품을 사오는데 어디서 사야 할지 고민일 때가 많습니다. 거리를 지나다보면 전통차를 전문으로 파는 체인점 형식의 찻집이 있는데 이곳에 가면 전통차를 시음할 수도 있고 비교적 믿을 수 있는 제품을 살 수 있습니다. 가게에 들어서면 점원이 您想买点什么(Nín xiǎng mǎi diǎn shénme)?라고 묻습니다.

모르면 대략난감 **Best Expressions**

무엇을 찾으십니까?

您想买点什么?

Nín xiǎng mǎi diǎn shénme

닌 시앙 마이 디엔 션머

구경 좀 하고 있어요.

不买什么，只是看看。

Bù mǎi shénme, zhǐshì kànkan

뿌 마이 션머, 즈스 칸칸

여기 잠깐 봐 주시겠어요?

请过来一下。

Qǐng guòlái yíxià

칭 꾸어라이 이시아

이것 좀 보여주세요.

请给我看看这个。

Qǐng gěi wǒ kànkan zhège

칭 게이 워 칸칸 쩌거

차를 사고 싶은데요.

我想买点儿茶叶。

Wǒ xiǎng mǎi diǎnr cháyè

워 시앙 마이 디알 차이에

이것과 같은 건 있어요?

有和这个一样的吗?

Yǒu hé zhège yíyàng de ma

여우 흐어 쩌거 이양 더 마

다른 것을 보여 주세요.
给我看看别的吧。
Gěi wǒ kànkan biéde ba
게이 워 칸칸 비에더 바

다른 색은 없나요?
没有别的颜色吗?
Méiyǒu biéde yánsè ma
메이여우 비에더 이엔써 마

사이즈
尺寸
츠춘

디자인
设计
서찌

다른 것으로 보여 주십시오.
请给我看看别的。
Qǐng gěi wǒ kànkàn biéde
칭 게이 워 칸칸 비에더

입어 봐도 될까요?
我可以试穿吗?
Wǒ kěyǐ shìchuān ma
워 크어이 스추안 마

옷이나 신발 등 몸에 착용하는 물건을 고를 때 '입어 봐도 될까요?'라고 물어보려면 可以试一下吗(kěyǐ shì yíxià ma)?라고 합니다. 피팅룸은 试衣室(shìyīshì)라고 합니다. 옷은 신장과 허리둘레 등 자세한 치수가 기록되어 있어 고르기 쉽게 되어 있습니다. 가격 할인이 打七折(dǎ qī zhé)라고 하면 30%를 할인해서 정상가격의 70%만 받는다는 의미입니다.

다른 스타일은 있습니까?
有没有别的款式?
Yǒu méi yǒu biéde kuǎnshì
여우 메이 여우 비에더 쿠안스

이것보다 작은 것 있나요?
有没有比这个小的?
Yǒu méi yǒu bǐ zhège xiǎo de
여우 메이 여우 비 쩌거 샤오 더

만져 봐도 됩니까?
摸摸看可以吗?
Mōmō kàn kěyǐ ma
모어모어 칸 크어이 마

좀 싼 것은 없습니까?
有便宜一点儿的吗?
Yǒu piányi yìdiǎnr de ma
여우 피엔이 이디알 더 마

이것은 진짜 맞습니까?
这是不是真的?
Zhè shì bú shì zhēn de
쩌 스 부 스 쩐 더

이것으로 하겠습니다.
我要这个。
Wǒ yào zhège
워 야오 쩌거

기본

출국

숙박

외출

관광

식사

방문

쇼핑

트러블

193

05 물건값을 흥정할 때

너무 비싸군요,
太贵了,
Tài guì le
타이 꾸이 러

더 깎아주세요.
再便宜一点儿吧。
Zài piányi yìdiǎnr ba
짜이 피엔이 이디알 바

여기는 정찰제입니다.
这里不讲价。
Zhèli bù jiǎngjià
쩌리 뿌 지앙지아

정찰제로 운영하는 가게는 가격을 흥정하기 어렵지만, 할인점이나 시장 등에서는 가능합니다. 가격이 비쌀 경우에는 太贵了(Tài guì le), 조금 깎아달고 할 때는 便宜一点儿吧(Piányì yìdiǎnr ba)라고 말해보십시오. 더 싼 물건을 찾을 때는 有更便宜的吗(Yǒu gèng piányi de ma)?라고 하며, 값을 깎아주면 사겠다고 할 때는 便宜点就买(Piányi diǎn jiù mǎi)라고 흥정하면 됩니다.

194

좀 싸게 주실 수 없나요?

价钱能不能便宜点?

Jiàqián néng bù néng piányi diǎn

지아치엔 넝 뿌 넝 피엔이 디엔

조금만 더 싸면 제가 살게요.

再便宜点儿我就买了。

Zài piányi diǎnr wǒ jiù mǎi le

짜이 피엔이 디알 워 지우 마이 러

조금만 더 싸게 해주세요.

再让一点儿价钱吧。

Zài ràng yìdiǎnr jiàqián ba

짜이 랑 이디알 지아치엔 바

가격이 좀 비싼 것 같은데요.

我觉得价格有点高。

Wǒ juéde jiàgé yǒu diǎn gāo

워 쥐에더 지아거 여우 디엔 까오

너무 비싸요, 더 깎아주세요.

太贵了, 再便宜点儿吧。

Tài guì le, zài piányi diǎnr ba

타이 꾸이 러, 짜이 피엔이 디알 바

여기는 정찰제입니다.

这里不讲价。

Zhèli bù jiǎngjià

쩌리 뿌 지앙지아

195

얼마예요?
多少钱?
Duōshǎo qián
뚜어샤오 치엔

카드세요, 아니면 현금이세요?
信用卡还是现金?
Xìnyòngkǎ háishì xiànjīn
신용카 하이스 시엔찐

현금으로 지불하겠습니다.
用现金支付。
Yòng xiànjīn zhīfù
용 시엔찐 즈푸

카드로 해주세요.
信用卡。
Xìnyòngkǎ
신용카

영수증을 주세요.
请开一张发票。
Qǐng kāi yì zhāng fāpiào
칭 카이 이 장 파퍄오

중국인들은 물건을 살 때 비슷한 물건을 파는 상점을 세 곳 이상 돌아보고 가격을 비교한 다음 결정한다고 합니다. 물건 값을 흥정하는 것을 讨价还价 (tǎojiàhuánjià)라고 하는데 값을 깎기 위해 구차하게 언쟁하는 것이 아니라 물건을 사는 과정에서 재미를 느낄 수 있는 자연스러운 생활의 일부입니다. 얼마인지를 물을 때는 多少钱(Duōshǎo qián)?이라고 합니다.

어디서 계산하죠?

在哪儿付钱?

Zài nǎr fùqián
짜이 날 푸치엔

여기서 계산합니까?

在这儿付钱吗?

Zài zhèr fùqián ma
짜이 쩔 푸치엔 마

얼마예요?

多少钱?

Duōshǎo qián
뚜어샤오 치엔

모두 얼마예요?

一共多少钱?

Yīgòng duōshǎo qián
이꽁 뚜어샤오 치엔

신용카드로 계산해도 되나요?

可以用信用卡付钱吗?

Kěyǐ yòng xìnyòngkǎ fùqián ma
크어이 용 신용카 푸치엔 마

영수증을 주세요.

请开一张发票。

Qǐng kāi yì zhāng fāpiào
칭 카이 이 장 파퍄오

기본

출국

숙박

외출

관광

식사

방문

쇼핑

트러블

07 포장이나 배달을 원할 때

포장해주세요.
请给我打包。
Qǐng gěi wo dǎbāo
칭 게이 워 다빠오

싸 가지고 갈 봉지 하나 주시겠어요?
能打包带走吗?
Néng dǎbāodài zǒu ma
넝 다빠오따이 저우 마

_____ 호텔까지 오늘 배달해주세요.
请把送到_____饭店。
Qǐng bǎ sòngdào   fàndiàn
칭 바 쏭따오   판디엔

중국여행을 하면서 선물을 구입할 때는 받는 사람을 위해서 정성스럽게 포장을
부탁하게 됩니다. 매장에서 물건을 구입할 때 부피가 크거나 무거워서 들고 다
니기 힘든 경우는 머물고 있는 호텔에 직접 배달을 부탁하거나 **能送到饭店去**
吗(Néng sòngdào fàndiàn qù ma)?, 아니면 매장의 따라 한국으로 직접 배송
을 부탁할 수도 있습니다.

함께 포장해 주세요.

一起包吧。

Yīqǐ bāo ba

이치 빠오 바

선물용으로 포장해 주시겠어요?

请按礼品包装，好吗?

Qǐng àn lǐpǐn bāozhuāng, hǎo ma

칭 안 리핀 빠오주앙, 하오 마

봉지에 넣어 주실래요?

请给装在袋子里，好吗?

Qǐng gěi zhuāngzài dàizi lǐ, hǎo ma

칭 게이 주앙짜이 따이즈 리, 하오 마

호텔까지 배달해 주실 수 있나요?

能送到饭店去吗?

Néng sòngdào fàndiàn qù ma

넝 쏭따오 판디엔 취 마

이걸 한국으로 보내 주시겠어요?

请把这个寄到韩国，好吗?

Qǐng bǎ zhège jìdào Hánguó, hǎo ma

칭 바 쩌거 지따오 한구어, 하오 마

이것을 보관해 주시겠어요?

请保管一下这个，好吗?

Qǐng bǎoguǎn yíxià zhège, hǎo ma

칭 바오구안 이시아 쩌거, 하오 마

---

08 교환이나 환불을 원할 때

이것을 교환해 주시겠어요?
能把这个给我换一下吗?
Néng bǎ zhège gěi wǒ huàn yíxià ma
넝 바 쩌거 게이 워 후안 이시아 마

여기 때도 그대로 묻어 있어요.
这里还有污渍呢。
Zhèlǐ hái yǒu wūzì ne
쩌리 하이 여우 우쯔 너

이거 영수증은 있나요?
这个有收据吗?
Zhège yǒu shōujù ma
쩌거 여우 셔우쥐 마

이거 산 물건하고 다릅니다.
这个和买的东西不一样。
Zhège hé mǎi de dōngxi bù yíyàng
쩌거 흐어 마이 더 똥시 뿌 이양

쇼핑을 할 때는 물건을 꼼꼼히 잘 살펴보고 구입하면 매장에 다시 찾아가서 교환이나 환불을 요구할 필요가 없습니다. 더구나 외국에서는 말이 잘 통하지 않기 때문에 어려움이 있기 마련입니다. 그러나 만에 하나 구입한 물건에 하자가 있을 때는 여기서의 표현을 잘 익혀두어 새로운 물건으로 교환을 받거나 원하는 물건이 없을 때 거리낌없이 당당하게 환불을 받도록 합시다.

모르면 대략난감 **Best Expressions**

이것을 교환하고 싶은데요.

我想换一下这个。
Wǒ xiǎng huàn yíxià zhège
워 시앙 후안 이시아 쩌거

다른 걸로 바꿔주실 수 있어요?

能给我换另一件吗?
Néng gěi wǒ huàn lìng yījiàn ma
넝 게이 워 후안 링 이지엔 마

품질이 안 좋은데 바꿔주세요.

质量低劣, 请给我更换。
Zhìliáng dīliè, qǐng gěi wǒ gēnghuàn
쯔리앙 띠리에, 칭 게이 워 껑후안

이것을 반품할 수 있나요?

这个可以退吗?
Zhège kěyǐ tuì ma
쩌거 크어이 투이 마

이것을 환불할 수 있나요?

这个能退钱吗?
Zhège néng tuì qián ma
쩌거 넝 투이 치엔 마

영수증 여기 있어요.

这儿有收据。
zhèr yǒu shōujù
쩔 여우 셔우쥐

기본
출국
숙박
외출
관광
식사
방문
쇼핑
트러블

201

이건 어디서 살 수 있습니까?
这个在哪儿能买到?
Zhège zài nǎr néng mǎi dào
쩌거 짜이 날 넝 마이 따오

▷ 스토어

쇼핑센터
购物中心
꺼우쭝신

슈퍼마켓
超级市场
차오지스창

할인점
折扣店
저커우디엔

주류판매점
酒类销售店
지우레이샤오셔우디엔

가구점
家具店
지아쮜디엔

보석가게
珠宝店
쮸바오디엔

신발가게
鞋店
시에디엔

문방구점
文具店
원쮜디엔

식품점
食品店
스핀디엔

서점
书店
수디엔

스포츠용품점
体育用品商店
티위용핀샹디엔

완구점
玩具店
완쮜디엔

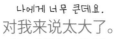

나에게 너무 큰데요.
对我来说太大了。
Duì wǒ láishuō tài dà le
뚜이 워 라이수어 타이 따 러

길다
长
창

짧다
短撅撅的
뚜안지에지에더

수수하다
素淡
쑤딴

화려하다
华丽
후아리

작다
小
샤오

이걸 주세요.
给我这个。
Gěi wǒ zhège
게이 워 쩌거

▷ **사이즈 (size)**

XL 特大 Extra large
트어따

L 大 Large
따

M 中 Medium
쫑

S 小 Small
샤오

XS 特小 Extra Small
트어샤오

기본

출국

숙박

외출

관광

식사

방문

쇼핑

트러블

203

> ▷ 남성복

슈트
正裝
쩡주앙

콤비
套配服裝
타오페이푸주앙

넥타이
领带
링따이

벨트
腰带
야오따이

바지
裤子
쿠즈

커프링크
袖口纽儿
시우커우니얼

안경
眼镜
이엔찡

넥타이핀
领带夹
링따이지아

중절모
毡帽
짜오마오

우산
雨伞
위싼

접이식우산
折叠伞
저디에싼

와이셔츠
衬衫
천산

트렌치코트
风衣
펑이

▷ 여성복

티셔츠
T恤
티쉬

스웨터
毛衣
마오이

블라우스
女衬衫
뉘천샨

원피스
连衣裙
리엔이췬

스커트
裙子
췬즈

청바지
牛仔裤
니우자이쿠

투피스
两件套
리앙지엔타오

재킷
夹克
지아커

슬랙스
宽松裤
쿠안쏭쿠

가죽코트
皮大衣
피따이

모피코트
毛皮大衣
마오피따이

운동복
运动服
윈똥푸

오버코트
长大衣
창따이

후드
连帽卫衣
리엔마오웨이

▷ 잡화

구두
皮鞋
피시에

모자
帽子
마오즈

하이힐
高跟鞋
까오껀시에

플랫슈즈
平底鞋
핑디시에

핸드백
手提包
셔우티빠오

스니커즈
轻便鞋
칭비엔시에

클러치백
手抓包
셔우주아빠오

양말
袜子
와즈

스카프
围巾
웨이찐

스타킹
丝袜
쓰와

속옷
内衣
네이이

장갑
手套
셔우타오

짝퉁
山寨
산짜이

▷ 문구

노트
笔记本
비찌번

볼펜
圆珠笔
위엔쭈비

편지지
信纸
신즈

만년필
钢笔
깡비

봉투
信封
신펑

책
书
수

잡지
杂志
자쯔

▷ 기타

골프클럽
高尔夫球杆
까오얼푸치우간

손목시계
手表
셔우바오

키홀더
钥匙挂圈
야오스꾸아치엔

지갑
钱包
치엔빠오

▷ 귀금속

다이아몬드
钻石
주안스

에메랄드
祖母绿
주무뤼

금
金子
찐즈

진주
珍珠
전쭈

반지
戒指
지에즈

팔찌
镯子
주어즈

목걸이
项链
시앙리엔

브로치
胸针
시옹전

귀걸이
耳环
얼후안

▷ 화장품

립스틱
口红
커우훙

향수
香水
시앙수이

마스카라
睫毛膏
지에마오까오

아이펜슬
眼线笔
이엔시엔비

▷ 식품

잼
果子酱
구어즈지앙

쿠키
曲奇
취치

건과일
水果干
수이구어깐

초콜릿
巧克力
챠오크어리

캔디
糖果
탕구어

치즈
奶酪
나이라오

햄
火腿
후어투이

소시지
香肠
시앙창

통조림
罐头
꾸안터우

오렌지
橙子
청즈

사과
苹果
핑구어

바나나
香蕉
시앙쟈오

망고
芒果
망구어

파인애플
菠萝
뽀어루어

알아두면 금상첨화 **Bonus Expressions**

☞ 상의 사이즈

SIZE	어깨	가슴	기장	팔
S (90)	37	90	63	18
M (95)	42	102	70	19
L (100)	44	104	72	20
XL (105)	46	108	74	21
XXL (110)	49	114	76	23

☞ 하의 사이즈

SIZE	기장	허리	엉덩이	허벅지
27	94	64	95	52
28	95	66	96	53
29	96	68	97	54
30	97	70	98	55
31	98	72	99	56
32	99	74	100	57
33	100	76	101	58

☞ 신발 사이즈

한국(cm)	중국	한국(cm)	중국
225	35	255	41
230	36	260	42
235	37	265	43
240	38	270	44
245	39	275	45
250	40	280	46

(한국 신발 사이즈−50)÷5 = 중국 신발 사이즈

Part 9

트러블

01 말이 통하지 않을 때

중국어 할 줄 아세요?
你会说汉语吗?
Nǐ huì shuō Hànyǔ ma
니 후이 수어 한위 마

전 중국어를 할 줄 몰라요.
我不会说汉语。
Wǒ búhuì shuō Hànyǔ
워 부후이 수어 한위

한국어를 하는 분은 안 계세요?
不会说韩语吗?
Búhuì shuō hányǔ ma
부후이 수어 한위 마

'~을 할 줄 알다'라고 말할 때 조동사 会(huì)를 씁니다. 배워서 할 줄 아는 것을 말하는데 예를 들어 '중국어를 할 줄 알다'라고 말하려면 我会说汉语(Wǒ huì shuō Hànyǔ)라고 합니다. 부정은 我不会说汉语(Wǒ bú huì shuō Hànyǔ), 의문문은 你会说汉语吗(Nǐ huì shuō Hànyǔ ma)?라고 하면 됩니다. 무슨 뜻인지 물을 때는 那是什么意思(Nà shì shénme yìsi)?라고 합니다.

중국어 할 줄 아세요?

你会说汉语吗?

Nǐ huì shuō Hànyǔ ma

니 후이 수어 한위 마

중국어를 할 줄 몰라요.

我不会说汉语。

Wǒ búhuì shuō Hànyǔ

워 부후이 수어 한위

천천히 말씀해 주시면 알겠습니다.

你慢点儿说,我会明白的。

Nǐ màn diǎnr shuō, wǒ huì míngbái de

니 만 디알 수어, 워 후이 밍빠이 더

그건 무슨 뜻이죠?

那是什么意思?

Nà shì shénme yìsi

나 스 션머 이쓰

좀 써 주세요.

请写一下。

Qǐng xiě yíxià

칭 시에 이시아

한국어로 된 건 없나요?

有没有用韩语写的?

Yǒu méi yǒu yòng Hányǔ xiě de

여우 메이 여우 용 한위 시에 더

기본

출국

숙박

외출

관광

식사

방문

쇼핑

트러블

낯선 외국에서 문화의 차이나 의사소통 등 여러 가지 이유로 난처한 상황에 빠질 수 있으므로 다양한 표현을 익혀둡시다. 救命啊, 有人吗(Jiù mìng ā, yǒu rén ma)?로 도움을 요청할 수 있으며 중국의 범죄 신고는 110, 화재는 119, 의료구조 120, 전화번호 안내는 114번이므로 긴급상황 시에 필요한 번호를 숙지해 두면 많은 도움이 될 것입니다.

좀 도와주세요.

请你帮帮忙吧。
Qǐng nǐ bāng bāngmáng ba
칭 니 빵 방망 바

문제가 생겼어요.

有问题了。
Yǒu wèntí le
여우 원티 러

큰일 났어요.

不好了。
Bùhǎo le
뿌하오 러

아이가 안 보여요, 어쩌죠?

孩子不见了，怎么办？
Háizi bújiàn le, zěnme bàn
하이즈 부지엔 러, 전머 빤

여권을 잃어버렸어요.

我丢了护照。
Wǒ diū le hùzhào
워 띠우 러 후짜오

무슨 좋은 방법은 없을까요?

没有什么好办法吗？
Méiyǒu shénme hǎo bànfǎ ma
메이여우 션머 하오 빤파 마

기본 / 출국 / 숙박 / 외출 / 관광 / 식사 / 방문 / 쇼핑 / 트러블

여권을 잃어버렸어요.
护照丢了。
Hùzhào diū le
후짜오 띠우 러

택시에 가방을 놓고 내렸습니다.
我把包落在出租车上了。
Wǒ bǎ bāo luòzài chūzūchē shàng le
워 바 빠오 루어짜이 추쭈처 샹 러

여기에 가방이 없었나요?
这里没有包吗?
Zhèlǐ méiyǒu bāo ma
쩌리 메이여우 빠오 마

도난이나 물건을 분실했을 경우에는 먼저 공안국 외사과(公安局外事科)로 가서 도난, 분실 경위를 상세히 기술하면 담당자가 조서를 꾸며주지만, 다시 찾을 가능성은 극히 적습니다. 여권을 도난, 분실했다면 공안국에서 도난(분실) 증명서를 발급받아야 하며, 여권용 사진 2장을 지참한 뒤 한국영사관에 가서 임시여권 재발급 신청서를 작성하여 제출해야 합니다.

모르면 대략난감 **Best Expressions**

열차 안에 지갑을 두고 내렸어요.

钱包丢在火车上了。

Qiánbāo diū zài huǒchē shàng le
칭빠오 띠우 짜이 후어처 샹 러

신용카드를 잃어버렸어요.

我丢了信用卡。

Wǒ diū le xìnyòngkǎ
워 띠우 러 신용카

여기서 카메라 못 보셨어요?

在这儿没看到照相机吗?

Zài zhèr méi kàndào zhàoxiàngjī ma
짜이 쩔 메이 칸따오 자오시앙지 마

분실물 센터는 어디에 있어요?

领取丢失物品的地方在哪里?

Lǐngqǔ diūshīwùpǐn de dìfang zài nǎli
링취 띠우스우핀 더 띠팡 짜이 나리

여권을 잃어버렸는데 좀 찾아주시겠어요?

我把护照丢了，能帮我找找吗?

Wǒ bǎ hùzhào diū le, néng bāng wǒ zhǎozhao ma
워 바 후짜오 띠우 러, 넝 빵 워 자오자오 마

어디서 잃어버렸는지 모르겠어요.

我不知道是在哪儿丢的。

Wǒ bù zhīdào shì zài nǎr diū de
워 뿌 즈따오 스 짜이 날 띠우 더

04 도난을 당했을 때

_____을 도둑맞았습니다.
_____被偷了。
bèi tōu le
베이 터우 러

신용카드
信用卡
신용카

가방
包
빠오

여권
护照
후짜오

지갑
钱包
치엔빠오

카메라
相机
시앙지

돈
钱
치엔

시계
时表
스뱌오

여행가방
手提箱
셔우티시앙

스마트폰
智能手机
즈넝셔우지

긴급사태입니다!
紧急事态。
Jǐnjí shìtài
진지 스타이

한국대사관으로 연락해 주세요.
请联系韩国大使馆。
Qǐng liánxì Hánguó dàshiguǎn
칭 리엔시 한구어 따스구안

被는 '~에 의해서 ~을 당하다'라는 의미의 피동문을 만듭니다. '지갑을 도둑맞았
다'라고 말하려면 我的钱包被偷走了라고 합니다. 이때 누가 가져갔는지 행위
자를 모르기 때문에 被 다음에 사람을 생략합니다. 중국에서 살면서 빈번하게
도난당하는 물건을 꼽으라면 아마도 자전거일 겁니다. 너무 좋은 자전거를 구입
하지 않는 것도 한 가지 예방책입니다.

거기 서! 도둑이야!

站住! 小偷!

Zhànzhù! Xiǎotōu

짠주! 샤오터우

저놈이 내 가방을 뺏어갔어요!

是他把我的提包拿走了。

Shì tā bǎ wǒ de tíbāo názǒu le

스 타 바 워 더 티빠오 나저우 러

저전거를 도둑맞았어요!

我的自行车被偷了。

Wǒ de zìxíngchē bèi tōu le

워 더 쯔싱처 뻬이 터우 러

지갑을 소매치기 당한 것 같아요.

钱包被小偷偷走了。

Qiánbāo bèi xiǎotōu tōuzǒu le

치엔빠오 베이 샤오터우 터우저우 러

돈은 얼마나 잃어버렸어요?

丢了多少钱?

Diū le duōshǎo qián

띠우 러 뚜어샤오 치엔

경찰에 신고하실래요?

你要报警吗?

Nǐ yào bàojǐng ma

니 야오 빠오징 마

사고가 났어요.
出事故了。
Chū shìgù le
추 스꾸 러

_____ 거리입니다.
_____ 大街。
dàjiē
따지에

렌터카 회사로 연락해주세요.
请联系租车公司。
Qǐng liánxì zūchē gōngsī
칭 리엔시 쭈처 꿍쓰

회사는 _____, 차번호는 _____ 입니다.
公司_____、车牌号_____。
Gōngsī   chēpái hào
꿍쓰   처파이 하오

중국은 운전자들이 운전을 험하게 하고 교통이 혼잡해서 교통사고가 빈번하게
일어나는 곳입니다. 중국에서 교통사고가 발생했을 때 즉시 122 혹은 110으로
신고하고 현장을 보존하고 증거와 증인을 확보해야 합니다. 현장을 보존함과 동
시에 목격자와 인명피해 정도, 차량 파손상태, 관련 차량번호, 보험 가입 여부 등
을 확인하고 기록합니다.

교통사고가 났어요.

出事故了。

Chū shìgù le
추 스꾸 러

어서 신고하세요.

快打电话报警。

Kuài dǎdiànhuà bàojǐng
콰이 다디엔화 빠오징

구급차를 불러 주세요.

快叫救护车。

Kuài jiào jiùhùchē
콰이 쟈오 지우후처

저를 병원으로 데려가 주시겠어요?

请送我到医院可以吗？

Qǐng sòng wǒ dào yīyuàn kěyǐ ma
칭 쏭 워 따오 이위엔 크어이 마

당시 상황을 알려주세요.

请告诉我当时的情况。

Qǐng gàosu wǒ dāngshí de qíngkuàng
칭 까오쑤 워 땅스 더 칭쿠앙

상황이 잘 기억나지 않아요.

记不清是什么情况了。

Jì bù qīng shì shénme qíngkuàng le
지 뿌 칭 스 션머 칭쿠앙 러

---

06 위급한 상황일 때

일일구입니다.
这里是119。
Zhèli shì yāo yāo jiǔ
쩌리 스 야오 야오 지우

무슨 일이 일어났어요?
发生了什么事?
Fāshēng le shénme shì
파성 러 션머 스

도와주세요! 다친 사람이 있어요.
帮帮忙吧! 有人受伤。
Bāng bāngmáng ba! Yǒurén shòushāng
빵 방망 바! 여우런 셔우샹

公安局(gōngānjú)이라고 하면 범죄활동 단속이나 공공질서 유지와 같은 업무를 담당하는 경찰과 비슷한 기관입니다. 이 기관에서 일하는 사람을 公安(gōngān)이라고 하는데 사람들이 많이 찾는 공공장소에서 쉽게 볼 수 있습니다. 위급할 때 '조심해요!'라고 외칠 때 小心(xiǎoxīn)! 또는 当心(dāngxīn)!이라고 합니다.

위험해요!

危险!

Wēixiǎn

웨이시엔

조심해요, 차가 오잖아요.

当心! 汽车来了。

Dāngxīn! Qìchē lái le

땅신! 치처 라이 러

조심해서 건너세요.

小心过马路!

Xiǎoxīn guò mǎlù

샤오신 꾸어 마루

사람 살려요!

救人啊!

Jiù rén a

지우 런 아

누구 없어요!

来人啊!

Lái rén a

라이 런 아

비켜요!

让一让!

Ràng yī ràng

랑 이 랑

배가 아픈데, 약은 없나요?
肚子疼, 没有药吗?
Dùzi téng, méiyǒu yào ma
뚜즈 텅, 메이여우 야오 마

의사를 불러주세요.
请叫个医生过来。
Qǐng jiào gè yīshēng guòlái
칭 쟈오 꺼 이성 꾸어라이

병원으로 데려가주세요.
请带我去医院。
Qǐng dài wǒ qù yīyuàn
칭 따이 워 취 이위엔

구급차
救护车
지우후처

중국 병원에서 진찰을 받으려면 우선 접수(挂号 guàhào)를 해야 합니다. 挂号处(guàhàochù)라고 써진 창구에서 자신이 받고 싶은 진료과목 등을 말하면 됩니다. 특정 의사에게 진료받기를 원한다면 접수할 때 미리 말해야 합니다. 접수처에서 진료수첩(门诊病历手册)을 파는데 중국에서는 의사가 진료한 내용과 처방을 진료수첩에 기록을 해줍니다.

모르면 대략난감 **Best Expressions**

이 근처에 병원이 있나요?

这附近有没有医院?

Zhè fùjìn yǒu méi yǒu yīyuàn

쩌 푸찐 여우 메이 여우 이위엔

진찰을 받고 싶은데요.

我想看病。

Wǒ xiǎng kànbìng

워 시앙 칸삥

접수처가 어디죠?

挂号处在哪儿?

Guàhàochù zài nǎr

꾸아하오추 짜이 날

안녕하세요, 접수하고 싶은데요.

你好,我想挂门诊。

Nǐ hǎo, wǒ xiǎng guà ménzhěn

니 하오, 워 시앙 꾸아 먼전

어떤 과에서 진찰받고 싶으세요?

你要看哪一科?

Nǐ yào kàn nǎ yìkē

니 야오 칸 나 이커

어디서 약을 받나요?

在哪儿取药?

Zài nǎr qǔ yào

짜이 날 취 야오

조금
稍微
샤오웨이

여기가 무척 아파요.
这里很疼。
Zhèli hěn téng
쩌리 흐언 텅

여행을 계속해도 될까요?
可以继续旅行吗?
Kěyǐ jìxù lǚxíng ma
크어이 지쉬 뤼싱 마

일반적으로 아픈 곳을 물어볼 때 你哪儿不舒服(Nǐ nǎr bù shūfu)?라고 합니다.
이 표현은 병원에서 의사가 환자를 진찰할 때 묻기도 하고 평소 안색이 안 좋거
나 불편해 보일 때 물어보는 말로도 씁니다. 접수처에서 증세를 말하고 어떤 과
로 가야 하는지 판단하기 때문에 당황하지 않으려면 중국어로 된 표현을 미리
준비하는 편이 좋습니다.

어디가 아프세요?

你哪儿不舒服?

Nǐ nǎr bù shūfu

니 날 뿌 수푸

어떻게 안 좋으세요?

怎么不舒服?

Zěnme bù shūfu

전머 뿌 수푸

열은 나세요?

发烧吗?

Fāshāo ma

파샤오 마

기침은 하세요?

咳嗽吗?

Késou ma

커써우 마

소화는 어떠세요?

消化怎么样?

Xiāohuà zěnmeyàng

샤오화 전머양

불편한지 얼마나 됐죠?

不舒服有多久了?

Bù shūfu yǒu duōjiǔ le

뿌 수푸 여우 뚜어지우 러

227

09 병원에서 3

두통
头疼
터우텅

복통
肚痛
뚜퉁

속쓰림
腹痛
푸퉁

설사
腹泻
푸시에

치통
牙疼
야텅

구토
呕吐
어우투

오한이 나다
发冷
파렁

몸이 나른하다
浑身无力
훈선우리

몸이 이상하다
身体不舒服
션티 뿌 수푸

목이 아프다
闹嗓子
나오 쌍즈

열이 있다
发烧
파샤오

감기가 걸리다
得感冒
더 간마오

변비
便秘
비엔미

뼘, 접질림
扭筋
니우찐

화상
烧伤
샤오샹

중국의 병원은 중의원(中医院 zhōngyīyuàn)과 서양식병원(西医院 xīyīyuàn)이 있고, 이 두 가지를 겸하는 병원 中西医结合医院(zhōngxīyī jiéhé yīyuàn)도 있습니다. 中医院에 가면 증세를 설명하고 진맥 诊脉(zhěnmài)을 합니다. 증상을 설명할 때 어느 부위가 아프거나 안 좋을 때 不舒服(bù shūfu), 疼(téng) 또는 难受(nánshòu)라고 말합니다.

현기증이 좀 나요.

我有点儿头晕。

Wǒ yǒudiǎnr tóuyūn

워 여우디알 터우윈

무엇 때문인지 머리가 약간 어지러워요.

不知怎么的头有点儿发昏。

Bùzhī zěnme de tóu yǒudiǎnr fāhūn

뿌즈 전머 더 터우 여우디알 파훈

머리가 아프고, 좀 어지러워요.

头疼，还有点儿晕。

Tóuténg, háiyǒu diǎnr yūn

터우텅, 하이여우 디알 윈

목이 아프고 콧물이 흐르고 머리가 아파요.

我喉咙痛，流鼻涕，头疼。

Wǒ hóulóng tòng, liú bítì, tóuténg

워 허우롱 통, 리우 비티, 터우텅

요 며칠 배가 아프고 설사도 했어요.

这几天肚子疼，还拉肚子。

Zhè jǐ tiān dùzi téng, hái lādùzi

쩌 지 티엔 뚜즈 텅, 하이 라뚜즈

눈이 충혈되고 굉장히 가려워요.

眼睛发红，特别痒。

Yǎnjīng fāhóng, tèbié yǎng

이엔찡 파훙, 트어비에 양

---

10 약국에서

여행 피로에 잘 듣는 약은 있어요?
有治疗疲劳的药吗?
Yǒu zhìliáo píláo de yào ma
여우 즈랴오 피라오 더 야오 마

이 처방전 약을 주세요.
请给我这个处方前药。
Qǐng gei wǒ zhège chǔfāngqián yào
칭 게이 워 쩌거 추팡치엔 야오

어떻게 먹죠?
怎么吃?
Zěnme chī
전머 츠

이 약은 피로회복에 좋습니다.
这种药对缓解疲劳很好。
Zhèzhǒng yào duì huǎnjiě píláo hen hǎo
쩌종 야오 뚜이 후안지에 피라오 흐언 하오

약을 파는 곳인 약방을 药房(yàofáng)이라고 합니다. 중국의 일반 병원에서는 의사가 처방전(处方笺 chǔfāngjiān)을 지어주면 그것을 가지고 收费(shōufèi)라고 쓰인 곳에 가서 치료비와 약값을 지불한 다음 약 타는 곳인 取药处(qǔyàochù)에서 약을 받으면 됩니다. 대부분의 병원은 中药(zhōngyào 중의약), 西药(xīyào 양약)을 취급하는 곳이 구분되어 있습니다.

모르면 대략난감 **Best Expressions**

이 근처에 약국 있어요?

这附近有药房吗?

Zhè fùjìn yǒu yàofáng ma

쩌 푸찐 여우 야오팡 마

이 약은 어떻게 먹죠?

这药该怎么服用?

Zhè yào gāi zěnme fúyòng

쩌 야오 까이 전머 푸용

하루에 몇 번 먹죠?

一天吃几次?

Yìtiān chī jǐcì

이티엔 츠 지츠

하루 세 번, 식후에 드세요.

一天三次，饭后服用。

Yìtiān sāncì, fànhòu fúyòng

이티엔 싼츠, 판허우 푸용

두통약 있어요?

有没有头疼药?

Yǒu méi yǒu tóuténg yào

여우 메이 여우 터우텅 야오

중의약을 드릴까요, 양약을 드릴까요?

你要中药还是西药?

Nǐ yào zhōngyào háishì xīyào

니 야오 쫑야오 하이스 시야오

231

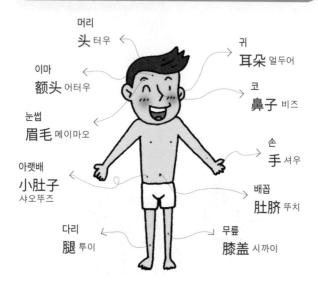

머리
头 터우

귀
耳朵 얼두어

이마
额头 어터우

코
鼻子 비즈

눈썹
眉毛 메이마오

손
手 셔우

아랫배
小肚子
샤오뚜즈

배꼽
肚脐 뚜치

다리
腿 투이

무릎
膝盖 시까이

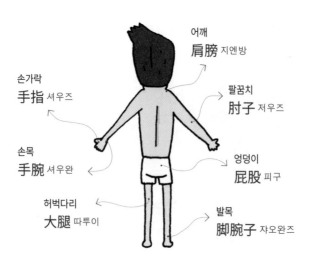

어깨
肩膀 지엔방

손가락
手指 셔우즈

팔꿈치
肘子 저우즈

손목
手腕 셔우완

엉덩이
屁股 피구

허벅다리
大腿 따투이

발목
脚腕子 쟈오완즈

부록

회화를 위한 기본단어

■ 숫자

- ☐ 零(líng) 영
- ☐ 一(yī) 일, 1
- ☐ 二(èr) 이, 2
- ☐ 三(sān) 삼, 3
- ☐ 四(sì) 사, 4
- ☐ 五(wǔ) 오, 5
- ☐ 六(liù) 육, 6
- ☐ 七(qī) 칠, 7
- ☐ 八(bā) 팔
- ☐ 九(jiǔ) 구, 9
- ☐ 十(shí) 십, 10
- ☐ 二十(èrshí) 이십, 20
- ☐ 三十(sānshí) 삼십, 30
- ☐ 四十(sìshí) 사십, 40
- ☐ 五十(wǔshí) 오십, 50
- ☐ 六十(liùshí) 육십, 60
- ☐ 七十(qīshí) 칠십, 70
- ☐ 八十(bāshí) 팔십, 80
- ☐ 九十(jiǔshí) 구십, 90
- ☐ 百(bǎi) 백, 100
- ☐ 二百(èrbǎi) 이백, 200
- ☐ 三百(sānbǎi) 삼백, 300

- ☐ 四百(sìbǎi) 사백, 400
- ☐ 五百(wǔbǎi) 오백, 500
- ☐ 六百(liùbǎi) 육백, 600
- ☐ 七百(qībǎi) 칠백, 700
- ☐ 八百(bābǎi) 팔백, 800
- ☐ 九百(jiǔbǎi) 구백, 900
- ☐ 一千(yìqiān) 천, 1,000
- ☐ 两千(liǎngqiān) 이천, 2,000
- ☐ 三千(sānqiān) 삼천, 3,000
- ☐ 四千(sìqiān) 사천, 4,000
- ☐ 五千(wǔqiān) 오천 5,000
- ☐ 六千(liùqiān)육천, 6,000
- ☐ 七千(qīqiān) 칠천, 7,000
- ☐ 八千(bāqiān) 팔천, 8,000
- ☐ 九千(jiǔqiān) 구천, 9,000
- ☐ 一万(yíwàn) 만, 10,000
- ☐ 二万(èrwàn) 이만, 20,000
- ☐ 三万(sānwàn) 삼만, 30,000
- ☐ 四万(sìwàn) 사만, 40,000
- ☐ 五万(wǔwàn) 오만, 50,000
- ☐ 六万(liùwàn) 육만, 60,000
- ☐ 七万(qīwàn) 칠만, 70,000
- ☐ 八万(bāwàn) 팔만, 80,000
- ☐ 九万(jiǔwàn) 구만, 90,000

☐ 十万(shíwàn) 십만, 100,000

☐ 百万(bǎiwàn) 백만, 1,000,000

☐ 千万(qiānwàn) 천만, 10,000,000

☐ 亿(yì) 억

☐ 十亿(shíyì) 십억

☐ 百亿(bǎiyì) 백억

☐ 千亿(qiānyì) 천억

■ 시간

☐ 一点(yìdiǎn) 한 시, 1시

☐ 二点(èrdiǎn) 두 시, 2시

☐ 三点(sāndiǎn) 세 시, 3시

☐ 四点(sìdiǎn) 네 시, 4시

☐ 五点(wǔdiǎn) 다섯 시, 5시

☐ 六点(liùdiǎn) 여섯 시, 6시

☐ 七点(qīdiǎn) 일곱 시, 7시

☐ 八点(bādiǎn) 여덟 시, 8시

☐ 九点(jiǔdiǎn) 아홉 시, 9시

☐ 十点(shídiǎn) 열 시, 10시

☐ 十一点(shíyìdiǎn) 열한 시, 11시

☐ 十二点(shí'èrdiǎn) 열두 시, 12시

☐ 几点(jǐdiǎn) 몇 시

☐ ～分(fēn) ～분

☐ 几分(jǐfēn) 몇 분

☐ ～秒(miǎo) ～초

☐ 几秒(jǐmiǎo) 몇 초

■ 날짜

☐ 一日/号(yīrì/hào) 1일

☐ 二日/号(èrrì/hào) 2일

☐ 三日/号(sānrì/hào) 3일

☐ 四日/号(sìrì/hào) 4일

☐ 五日/号(wǔrì/hào) 5일

☐ 六日/号(liùrì/hào) 6육

☐ 七日/号(qīrì/hào) 7일

☐ 八日/号(bārì/hào) 8일

☐ 九日/号(jiǔrì/hào) 9일

☐ 十日/号(shírì/hào) 10일

☐ 十一日/号(shíyīrì/hào) 11일

☐ 二十日/号(èrshírì/hào) 20일

☐ 二十一日/号(èrshíyīrì/hào)
21일

☐ 三十日/号(sānshírì/hào) 30일

☐ 三十一日/号(sānshíyīrì/hào)
31일

☐ 几号(jǐhào) 며칠

■ 요일

☐ 星期一(xīngqīyī) 월요일

☐ 星期二(xīngqīèr) 화요일

☐ 星期三(xīngqīsān) 수요일

☐ 星期四(xīngqīsì) 목요일

☐ 星期五(xīngqīwǔ) 금요일

☐ 星期六(xīngqīliù) 토요일

☐ 星期日(xīngqīrì) 일요일

☐ 星期天(xīngqītiān) 일요일

☐ 星期几(xīngqījǐ) 무슨 요일

■ 월

☐ 一月(yīyuè) 1월

☐ 二月(èryuè) 2월

☐ 三月(sānyuè) 3월

☐ 四月(sìyuè) 4월

☐ 五月(wǔyuè) 5월

☐ 六月(liùyuè) 6월

☐ 七月(qīyuè) 7월

☐ 八月(bāyuè) 8월

☐ 九月(jiǔyuè) 9월

☐ 十月(shíyuè) 10월

☐ 十一月(shíyīyuè) 11월

☐ 十二月(shíèryuè) 12월

☐ 几月(jǐyuè) 몇 월

■ 때

☐ 时间(shíjiān) 시간

☐ 时候(shíhòu) 때, 시

☐ 时刻(shíkè) 시각

☐ 现在(xiànzài) 현재, 지금

☐ 过去(guòqù) 과거

☐ 未来(wèilái) 미래

☐ 以前(yǐqián) 이전

☐ 以后(yǐhòu) 이후, 그후

☐ 最近(zuìjìn) 최근, 요즘

☐ 最初(zuìchū) 최초, 처음

☐ 最后(zuìhòu) 최후, 마지막

☐ 世纪(shìjì) 세기

☐ 年(nián) 연, 해

☐ 前年(qiánnián) 재작년

☐ 去年(qùnián) 작년

☐ 今年(jīnnián) 금년, 올해

☐ 明年(míngnián) 내년, 명년

☐ 后年(hòunián) 내후년

☐ 每年(měinián) 매년

☐ 新年(xīnnián) 신년, 새해

☐ 月(yuè) 월, 달

☐ 上个月(shànggeyuè) 지난달

□ 这个月(zhègeyuè) 이번달

□ 下个月(xiàgeyuè) 다음달

□ 每月(měiyuè) 매달, 매월

□ 星期(xīngqī) 주, 주간

□ 周末(zhōumò) 주말

□ 上个星期(shànggexīngqī)
　 지난주

□ 这个星期(zhègexīngqī)
　 이번주

□ 下个星期(xiàgexīngqī) 다음주

□ 每星期(měixīngqī) 매주

□ 日(rì) 일

□ 日子(rìzi) 날, 날짜

□ 前天(qiántiān) 그제

□ 昨天(zuótiān) 어제

□ 今天(jīntiān) 오늘

□ 明天(míngtiān) 내일

□ 后天(hòutiān) 모레

□ 天天(tiāntiān) 매일

□ 每天(měitiān) 매일

□ 第二天(dìèrtiān) 다음날

□ 整天(zhěngtiān) 온종일

□ 半天(bàntiān) 반나절

□ 天亮(tiānliàng) 새벽

□ 早上(zǎoshàng) 아침

□ 白天(báitiān) 낮

□ 上午(shàngwǔ) 오전

□ 中午(zhōngwǔ) 정오

□ 下午(xiàwǔ) 오후

□ 晚上(wǎnshàng) 저녁

□ 夜(yè) 밤

□ 半夜(bànyè) 한밤중

■ 지시대명사

□ 这个(zhège) 이것그것

□ 那个(nàge) 저것

□ 哪个(nǎge) 어느 것

□ 这里(zhèli) 여기

□ 那里(nàli) 저기, 거기

□ 哪里(nǎli) 어디

□ 这边(zhèbian) 이쪽

□ 那边(nàbian) 저쪽, 그쪽

□ 哪边(nǎbian) 어느 쪽

■ 인칭대명사

□ 我(wǒ) 나

□ 我们(wǒmen) 우리들

□ 你(nǐ) 당신

- ☐ 您(nín) 당신(존경)
- ☐ 你们(nǐmen) 당신들
- ☐ 先生(xiānshēng) 씨
- ☐ 小姐(xiǎojiě) 양
- ☐ 他(tā) 그, 그이
- ☐ 她(tā) 그녀

■ 의문사

- ☐ 什么时候(shénmeshíhòu) 언제
- ☐ 什么地方(shénmedìfang) 어디
- ☐ 谁(shéi) 누구
- ☐ 什么(shénme) 무엇
- ☐ 为什么(wéishénme) 왜
- ☐ 怎么(zěnme) 어떻게
- ☐ 怎么样(zěnmeyàng) 어떻게

■ 위치와 방향

- ☐ 上(shàng) 위
- ☐ 中(zhōng) 간운데
- ☐ 下(xià) 아래
- ☐ 左边(zuǒbiān) 왼쪽
- ☐ 右边(yòubiān) 오른쪽
- ☐ 左右(zuǒyòu) 좌우
- ☐ 东边(dōngbiān) 동쪽

- ☐ 西边(xībiān) 서쪽
- ☐ 南边(nánbiān) 남쪽
- ☐ 北边(běibiān) 북쪽
- ☐ 前边(qiánbiān) 앞
- ☐ 后边(hòubiān) 뒤
- ☐ 旁边(pángbiān) 옆, 가로
- ☐ ~从(cóng) ~부터
- ☐ ~到(dào) ~까지

■ 사계절

- ☐ 季节(jìjié) 계절
- ☐ 春天(chūntiān) 봄
- ☐ 夏天(xiàtiān) 여름
- ☐ 秋天(qiūtiān) 가을
- ☐ 冬天(dōngtiān) 겨울

■ 가족과 사람

- ☐ 男人(nánrén) 남자
- ☐ 女人(nǚrén) 여자
- ☐ 婴儿(yīng'ér) 아기
- ☐ 小孩子(xiǎoháizi) 어린이
- ☐ 大人(dàrén) 어른
- ☐ 成人(chéngrén) 성인
- ☐ 少年(shàonián) 소년

- ☐ 少女(shàonǚ) 소녀
- ☐ 儿子(érzi) 아들
- ☐ 女儿(nǚ'ér) 딸
- ☐ 兄弟(xiōngdì) 형제
- ☐ 哥哥(gēge) 형
- ☐ 弟弟(dìdi) 동생
- ☐ 姐妹(jiěmèi) 자매
- ☐ 姐姐(jiějie) 누나, 언니
- ☐ 妹妹(mèimei) 누이동생, 여동생
- ☐ 父亲(fùqīn) 아버지
- ☐ 爸爸(bàba) 아빠
- ☐ 母亲(mǔqīn) 어머니
- ☐ 妈妈(māma) 엄마
- ☐ 丈夫(zhàngfu) 남편
- ☐ 妻子(qīzi) 아내
- ☐ 祖父(zǔfù) 할아버지
- ☐ 祖母(zǔmǔ) 할머니
- ☐ 公公(gōnggong) 시아버지
- ☐ 婆婆(pópo) 시어머니
- ☐ 岳父(yuèfù) 장인
- ☐ 岳母(yuèmǔ) 장모
- ☐ 女婿(nǚxù) 사위
- ☐ 媳妇(xífù) 며느리
- ☐ 孙子(sūnzi) 손자

- ☐ 孙女(sūnnǚ) 손녀
- ☐ 朋友(péngyou) 친구
- ☐ 韩国人(hánguórén) 한국인
- ☐ 中国人(zhōngguórén) 중국인
- ☐ 日本人(rìběnrén) 일본인

■ 신체

- ☐ 身体(shēntǐ) 몸
- ☐ 头(tóu) 머리
- ☐ 额头(étóu) 이마
- ☐ 眉毛(méimáo) 눈썹
- ☐ 眼睛(yǎnjīng) 눈
- ☐ 鼻子(bízǐ) 코
- ☐ 耳朵(ěrduǒ) 귀
- ☐ 嘴(zuǐ) 입
- ☐ 脖子(bózǐ) 목
- ☐ 吼咙(hǒulóng) 목구멍
- ☐ 肚子(dùzǐ) 배
- ☐ 肚脐(dùqí) 배꼽
- ☐ 下腹部(xiàfùbù) 아랫배
- ☐ 腰(yāo) 허리
- ☐ 肩膀(jiānbǎng) 어깨
- ☐ 肘(zhǒu) 팔꿈치
- ☐ 手腕(shǒuwàn) 손목

- ☐ 手指(shǒuzhǐ) 손가락
- ☐ 手(shǒu) 손
- ☐ 脚(jiǎo) 다리
- ☐ 膝盖(xīgài) 무릎
- ☐ 臀部(túnbù) 엉덩이
- ☐ 大腿上部(dàtuǐshàngbù) 허벅다리
- ☐ 脚腕(jiǎowàn) 발목
- ☐ 脚尖(jiǎojiān) 발끝

■ 기본 형용사

- ☐ 白(bái) 하얗다
- ☐ 黑(hēi) 까맣다
- ☐ 红(hóng) 빨갛다
- ☐ 蓝(lán) 파랗다
- ☐ 绿(lǜ) 초록
- ☐ 大(dà) 크다
- ☐ 小(xiǎo) 작다
- ☐ 多(duō) 많다
- ☐ 少(shǎo) 적다
- ☐ 长(cháng) 길다
- ☐ 短(duǎn) 짧다
- ☐ 粗(cū) 굵다
- ☐ 细(xì) 가늘다

- ☐ 厚(hòu) 두텁다
- ☐ 薄(báo) 얇다
- ☐ 重(zhòng) 무겁다
- ☐ 轻(qīng) 가볍다
- ☐ 硬(yìng) 딱딱하다
- ☐ 软(ruǎn) 부드럽다
- ☐ 好(hǎo) 좋다
- ☐ 坏(huài) 나쁘다
- ☐ 新(xīn) 새롭다
- ☐ 旧(jiù) 오래되다
- ☐ 高(gāo) 높다
- ☐ 低(dī) 낮다
- ☐ 贵(guì) 비싸다
- ☐ 便宜(piànyí) 싸다
- ☐ 明亮(míngliàng) 밝다
- ☐ 阴暗(yīn'àn) 어둡다
- ☐ 快(kuài) 빠르다
- ☐ 早(zǎo) 이르다
- ☐ 慢(màn) 늦다
- ☐ 容易(róngyì) 쉽다
- ☐ 难(nán) 어렵다
- ☐ 安静(ānjìng) 조용하다
- ☐ 嘈杂(cáozá) 시끄럽다
- ☐ 空闲(kōngxián) 한가하다

☐ 忙(máng) 바쁘다

☐ 热(rè) 덥다

☐ 冷(lěng) 춥다

☐ 愉快(yúkuài) 즐겁다

☐ 悲伤(bēishāng) 슬프다

☐ 干净(gānjìng) 깨끗하다

☐ 肮脏(āngzàng) 더럽다

☐ 复杂(fùzá) 복잡하다

☐ 简单(jiǎndān) 간단하다

☐ 方便(fāngbiàn) 편리하다

☐ 胖(pàng) 뚱뚱하다

☐ 瘦(shòu) 여위다

☐ 老(lǎo) 늙다

☐ 年轻(niánqīng) 젊다

☐ 浓(nóng) 짙다, 진하다

☐ 淡(dàn) 엷다, 연하다

■ 성격

☐ 性格(xìnggé) 성격

☐ 温柔(wēnróu) 온유하다

☐ 热情(rèqíng) 친절하다

☐ 直率(zhíshuài) 정직하다

☐ 优秀(yōuxiù) 우수하다

☐ 聪明(cōngming) 총명하다

☐ 机灵(jīlíng) 영리하다

☐ 认真(rènzhēn) 성실하다

☐ 快活(kuàihuó) 쾌활하다

☐ 积极(jījí) 적극적이다

☐ 冷淡(lěngdàn) 냉담하다

☐ 懒惰(lǎnduò) 나태하다

☐ 迟钝(chídùn) 둔하다

☐ 狂妄(kuángwàng) 방자하다

☐ 任性(rènxìng) 제멋대로이다

☐ 性急(xìngjí) 성미가 급하다

☐ 大方(dàfāng) 대범하다

☐ 小气(xiǎoqì) 째째하다

☐ 狡猾(jiǎohuá) 교활하다

■ 감정

☐ 快樂(kuàilè) 기쁘다, 유쾌하다

☐ 高兴(gāoxìng) 즐겁다

☐ 喜欢(xǐhuan) 좋아하다

☐ 愉快(yúkuài) 유쾌하다

☐ 痛快(tòngkuài) 통쾌하다, 후련하다

☐ 舒服(shūfu) 쾌적하다

☐ 放心(fàngxīn) 안심하다

☐ 难过(nánguò) 괴롭다, 슬프다

- 伤心(shāngxīn) 슬퍼하다, 상심하다
- 烦躁(fánzào) 초조하다
- 悲哀(bēi'āi) 비애, 슬픔
- 痛苦(tòngkǔ) 고통스럽다
- 悲伤(bēishāng) 슬프고 마음이 쓰리다
- 着急(zháojí) 조급해하다
- 生气(shēngqì) 화나다
- 发愁(fāchóu) 근심하다, 우려하다
- 失望(shīwàng) 실망하다
- 害怕(hàipà) 두려워하다, 무서워하다
- 恐惧(kǒngjù) 겁먹다
- 后悔(hòuhuǐ) 후회하다
- 讨厌(tǎoyàn) 싫어하다, 혐오하다
- 有趣(yǒuqù) 재미있다
- 没趣(méiqù) 재미없다
- 苦(kǔ) 고되다, 괴롭다
- 辛苦(xīnkǔ) 고생하다
- 幸福(xìngfú) 행복하다
- 满足(mǎnzú) 만족하다
- 惊奇(jīngqí) 이상히 여기다

- 兴奋(xīngfèn) 흥분하다
- 紧张(jǐnzhāng) 긴장하다
- 慌张(huāngzhāng) 당황하다, 허둥대다
- 忍耐(rěnnài) 인내하다, 참다
- 期望(qīwàng) 기대하다
- 相信(xiāngxìn) 믿다
- 怀疑(huáiyí) 의심하다

■ 기본 동사

- 去(qù) 가다
- 来(lái) 오다
- 坐(zuò) 앉다
- 站(zhàn) 서다
- 看(kàn) 보다
- 听(tīng) 듣다
- 吃(chī) 먹다
- 喝(hē) 마시다
- 洗(xǐ) 씻다
- 笑(xiào) 웃다
- 哭(kū) 울다
- 说(shuō) 말하다
- 做(zuò) 하다, 만들다
- 拉(lā) 당기다, 끌다

- ☐ 推(tuī) 밀다
- ☐ 买(mǎi) 사다
- ☐ 卖(mài) 팔다
- ☐ 穿(chuān) 입다, 신다
- ☐ 脱(tuō) 벗다
- ☐ 躺(tǎng) 눕다
- ☐ 起床(qǐchuáng) 일어나다
- ☐ 想(xiǎng) 생각하다
- ☐ 喜欢(xǐhuan) 좋아하다
- ☐ 拿(ná) 쥐다, 잡다
- ☐ 搬(bān) 옮기다
- ☐ 打(dǎ) 치다, 때리다

기본 부사

- ☐ 很(hěn) 매우, 잘
- ☐ 最(zuì) 가장, 제일
- ☐ 太(tài) 너무
- ☐ 更(gèng) 더욱
- ☐ 比较(bǐjiào) 비교적
- ☐ 特别(tèbié) 특별히
- ☐ 稍微(shāowēi) 약간, 조금
- ☐ 差不多(chābùduō) 거의, 대체로
- ☐ 大致(dàzhì) 대체로, 대강
- ☐ 尽量(jǐnliáng) 가능한 한

- ☐ 至少(zhìshǎo) 최소한, 적어도
- ☐ 实在(shízài) 참으로, 실제로
- ☐ 果然(guǒrán) 과연
- ☐ 只好(zhǐhǎo) 단지
- ☐ 白(bái) 헛되이
- ☐ 还是(háishi) 여전히
- ☐ 一定(yídìng) 반드시, 꼭
- ☐ 一直(yìzhí) 곧바로, 줄곧
- ☐ 大概(dàgài) 대략, 대개
- ☐ 仍然(réngrán) 여전히, 변함없이
- ☐ 又(yòu) 또
- ☐ 再(zài) 다시
- ☐ 还(hái) 또한
- ☐ 刚(gāng) 방금
- ☐ 钢材(gāngcái) 이제 막
- ☐ 马上(mǎshàng) 곧, 빨리
- ☐ 赶快(gǎnkuài) 빨리
- ☐ 已经(yǐjīng) 이미, 벌써
- ☐ 正(zhèng) 일찍, 벌써
- ☐ 才(cái) 바로, 곧
- ☐ 先(xiān) 먼저
- ☐ 然后(ránhòu) ~한 후에
- ☐ 就要(jiùyào) 머지않아, 곧
- ☐ 预先(yùxiān) 미리, 우선

☐ 忽然(hūrán) 갑자기
☐ 偶然(ǒurán) 우연히
☐ 本来(běnlái) 원래, 본래
☐ 常常(chángcháng) 자주
☐ 往往(wǎngwǎng) 왕왕
☐ 渐渐地(jiànjiàndì) 점차로
☐ 都(dōu) 모두, 다
☐ 到处(dàochù) 도처에
☐ 不(bù) 아니다, ~않다
☐ 没(méi) 없다, 아니다
☐ 当然(dāngrán) 당연히

■ 생리현상

☐ 气息(qìxī) 호흡, 숨
☐ 哈欠(hāqiàn) 하품
☐ 喷涕(pēntì) 재채기
☐ 睡语(shuìyǔ) 잠꼬대
☐ 屁(pì) 방귀
☐ 月经(yuèjīng) 월경
☐ 口水(kǒushuǐ) 침, 군침
☐ 汗(hán) 땀
☐ 泪水(lèishuǐ) 눈물
☐ 鼻涕(bítì) 콧물
☐ 呼吸(hūxī) 호흡하다, 숨쉬다

☐ 喘(chuǎn) 헐떡거리다
☐ 打嗝儿(dǎgér) 딸꾹질하다
☐ 眨眼(zhǎyǎn) 눈을 깜빡거리다
☐ 出汗(chūhán) 땀나다
☐ 发困(fākùn) 졸리다
☐ 打盹儿(dǎdǔnr) 졸다
☐ 尿(niào) 소변보다
☐ 拉屎(lāshǐ) 똥 누다, 대변보다

■ 신분

☐ 姓名(xìngmíng) 성명
☐ 籍贯(jíguàn) 출생지
☐ 年龄(niánlíng) 연령
☐ 住址(zhùzhǐ) 주소
☐ 出身(chūshēn) 출신
☐ 成份(chéngfèn) 성분
☐ 工人(gōngrén) 노동자
☐ 农民(nóngmín) 농민
☐ 军人(jūnrén) 군인
☐ 作家(zuòjiā) 작가
☐ 教师(jiàoshī) 교사
☐ 教员(jiàoyuán) 교원
☐ 医生(yīshēng) 의사
☐ 大夫(dàifu) 의사

□ 警察(jǐngchá) 경찰

□ 商人(shāngrén) 상인

□ 公务人员(gōngwùrényuán) 공무원

□ 技术员(jìshùyuán) 기술자

□ 工程师(gōngchéngshī) 엔지니어

□ 研究员(yánjiūyuán) 연구원

□ 售货员(shòuhuòyuán) 점원

□ 司机(sījī) 운전수

□ 同志(tóngzhì) 동지

□ 干部(gānbù) 간부

□ 职员(zhíyuán) 직원

□ 宣传员(xuānchuányuán) 선전원

■ 스포츠

□ 足球(zúqiú) 축구

□ 橄榄球(gǎnlǎnqiú) 럭비

□ 排球(páiqiú) 배구

□ 篮球(lánqiú) 농구

□ 棒球(bàngqiú) 야구

□ 乒乓球(pīngpāngqiú) 탁구

□ 羽毛球(yǔmáoqiú) 배드민턴

□ 网球(wǎngqiú) 테니스

□ 游泳(yóuyǒng) 수영

□ 赛马(sàimǎ) 경마

□ 柔道(róudào) 유도

□ 举重(jǔzhòng) 역도

□ 拳击(quánjī) 권투

□ 摔跤(shuāiqiāo) 씨름

□ 溜冰(liūbīng) 스케이팅

□ 滑雪(huáxuě) 스키

□ 马拉松(mǎlāsōng) 마라톤

□ 田径赛(tiánjìngsài) 육상경기

□ 体操(tǐcāo) 체조

□ 跳水(tiàoshuǐ) 다이빙

□ 射击(shèjī) 사격

□ 手球(shǒuqiú) 핸드볼

□ 曲棍球(qūgùnqiú) 하키

□ 冰球(bīngqiú) 아이스하키

□ 射箭(shèjiàn) 양궁

□ 高尔夫球(gāo'ěrfūqiú) 골프

□ 保龄球(bǎolíngqiú) 볼링

■ 거리와 도로

□ 高速公路(gāosùgōnglù) 고속도로

□ 国道(guódào) 국도

□ 街道(jiēdào) 거리

- [ ] 十字路口(shízìlùkǒu) 사거리
- [ ] 马路(mǎlù) 대로, 큰길
- [ ] 小巷(xiǎoxiàng) 골목길
- [ ] 单行道(dānxíngdào) 일방통행로
- [ ] 近道(jìndào) 지름길
- [ ] 人行道(rénxíngdào) 인도, 보도
- [ ] 平交道(píngjiāodào) 횡단보도
- [ ] 地下道(dìxiàdào) 지하도
- [ ] 隧道(suìdào) 터널
- [ ] 天桥(tiānqiáo) 육교
- [ ] 红绿灯(hónglǜdēng) 신호등
- [ ] 红灯(hóngdēng) 적신호
- [ ] 绿灯(lǜdēng) 청신호
- [ ] 交通警察(jiāotōngjǐngchá) 교통경찰
- [ ] 堵塞(dǔsāi) 교통체증
- [ ] 路边(lùbiān) 길가
- [ ] 车道(chēdào) 차도

■ 교통

- [ ] 上车(shàngchē) 타다
- [ ] 下车(xiàchē) 내리다
- [ ] 换车(huànchē) 갈아타다
- [ ] 开车(kāichē) 운전하다

- [ ] 停车(tíngchē) 정차하다
- [ ] 停车场(tíngchēchǎng) 주차장
- [ ] 执照(zhízhào) 면허증
- [ ] 站(zhàn) 역
- [ ] 车站(chēzhàn) 정류장
- [ ] 终点站(zhōngdiǎnzhàn) 종점
- [ ] 到站(dàozhàn) 도착하다
- [ ] 加油站(jiāyóuzhàn) 주유소
- [ ] 公共汽车(gōnggòngqìchē) 버스
- [ ] 长途车(chángtúchē) 장거리버스
- [ ] 游览车(yóulǎnchē) 관광버스
- [ ] 汽车(qìchē) 자동차
- [ ] 出租汽车(chūzūqìchē) 택시
- [ ] 救护车(jiùhùchē) 구급차
- [ ] 救火车(jiùhuǒchē) 소방차
- [ ] 自行车(zìxíngchē) 자전거
- [ ] 摩托车(mótuōchē) 오토바이
- [ ] 卡车(kǎchē) 트럭
- [ ] 电车(diànchē) 전차
- [ ] 地铁(dìtiě) 지하철
- [ ] 船(chuán) 배
- [ ] 货船(huòchuán) 화물선
- [ ] 客船(kèchuán) 여객선
- [ ] 港口(gǎngkǒu) 항구

- [ ] 飞机(fēijī) 비행기
- [ ] 机场(jīchǎng) 공항
- [ ] 火车(huǒchē) 기차
- [ ] 铁路(tiělù) 철도
- [ ] 客车(kèchē) 객차

■ 전화

- [ ] 电话(diànhuà) 전화
- [ ] 听筒(tīngtǒng) 수화기
- [ ] 号码盘(hàomǎpán) 다이얼
- [ ] 电话簿(diànhuàbù) 전화번호부
- [ ] 公用电话(gōngyòngdiànhuà) 공중전화
- [ ] 电话亭(diànhuàtíng) 전화부스
- [ ] 电话局(diànhuàjú) 전화국
- [ ] 市内电话(shìnèidiànhuà) 시내전화
- [ ] 长途电话(chángtúdiànhuà) 장거리전화
- [ ] 国际电话(guójìdiànhuà) 국제전화
- [ ] 电报(diànbào) 전보
- [ ] 占线(zhànxiàn) 통화중

■ 우편

- [ ] 邮局(yóujú) 우체국

- [ ] 邮件(yóujiàn) 우편물
- [ ] 邮票(yóupiào) 우표
- [ ] 信纸(xìnzhǐ) 편지지
- [ ] 信封(xìnfēng) 편지봉투
- [ ] 明信片(míngxìnpiàn) 엽서
- [ ] 邮筒(yóutǒng) 우체통
- [ ] 邮政信箱(yóuzhèngxìnxiāng) 사서함
- [ ] 邮费(yóufèi) 우편요금
- [ ] 邮政编码(yóuzhèngbiānmǎ) 우편번호
- [ ] 平信(píngxìn) 보통우편
- [ ] 快邮(kuàiyóu) 빠른우편
- [ ] 挂号信(guàhàoxìn) 등기
- [ ] 包裹(bāoguǒ) 소포
- [ ] 收件人(shōujiànrén) 수신인
- [ ] 寄件人(jìjiànrén) 발신인
- [ ] 邮递员(yóudìyuán) 우편집배원
- [ ] 姓名(xìngmíng) 성명
- [ ] 地址(dìzhǐ) 주소

■ 공공시설

- [ ] 博物馆(bówùguǎn) 박물관
- [ ] 美术馆(měishùguǎn) 미술관

- 动物园(dòngwùyuán) 동물원
- 电影院(diànyǐngyuàn) 영화관
- 剧场(jùchǎng) 극장
- 百货公司(bǎihuògōngsī) 백화점
- 饭店(fàndiàn) 호텔
- 旅馆(lǚguǎn) 여관
- 食堂(shítáng) 식당
- 餐厅(cāntīng) 레스토랑
- 公园(gōngyuán) 공원
- 寺庙(sìmiào) 절
- 教堂(jiàotáng) 교회
- 图书馆(túshūguǎn) 도서관
- 城(chéng) 성
- 运动场(yùndòngchǎng) 운동장
- 体育馆(tǐyùguǎn) 체육관
- 礼堂(lǐtáng) 강당
- 游泳池(yóuyǒngchí) 수영장
- 夜总会(yèzǒnghuì) 나이트클럽
- 医院(yīyuàn) 병원

■ 조리법

- 煮(zhǔ) 삶다
- 炖(dùn) 약한 불로 삶다
- 炒(chǎo) 볶다
- 爆(bào) 강한 불로 빠르게 볶다
- 炸(zhà) 튀기다
- 烹(pēng) 기름에 볶아 조미료를 치다
- 煎(jiān) 기름을 빼고 볶다
- 烧(shāo) 가열하다
- 蒸(zhēng) 찌다
- 拌(bàn) 무치다
- 烤(kǎo) 굽다
- 砂锅(shāguō) 질냄비에 삶다
- 溜(liū) 양념장을 얹다
- 烩(huì) 삶아 양념장에 얹다

■ 식사

- 早饭(zǎofàn) 아침밥
- 午饭(wǔfàn) 점심밥
- 晚饭(wǎnfàn) 저녁밥
- 点心(diǎnxīn) 간식
- 小吃(xiǎochī) 스낵
- 菜肴(càiyáo) 요리, 반찬
- 餐(cān) 요리, 식사
- 点菜(diǎncài) (음식을) 주문하다
- 夜餐(yècān) 밤참, 야식
- 茶点(chádiǎn) 다과

□ 摊子(tānzǐ) 노점

□ 菜单(càidān) 식단, 메뉴

□ 好吃(hǎochī) 맛있다

□ 不好吃(bùhǎochī) 맛없다

□ 口渴(kǒukě) 목이 마르다

□ 香(xiāng) 향기롭다

□ 甜(tián) 달다

□ 苦(kǔ) 쓰다

□ 淡(dàn) 싱겁다

□ 咸(xián) 짜다

□ 辣(là) 맵다

□ 酸(suān) 시다

□ 腥(xīng) 비리다

■ 곡류

□ 大米(dàmǐ) 쌀

□ 大麦(dàmài) 보리

□ 小麦(xiǎomài) 밀

□ 玉米(yùmǐ) 옥수수

□ 大豆(dàdòu) 콩

□ 花生米(huāshēngmǐ) 땅콩

■ 야채

□ 蔬菜(shūcài) 야채

□ 蔥(cōng) 파

□ 洋蔥(yángcōng) 양파

□ 蒜(suàn) 마늘

□ 姜(jiāng) 생강

□ 辣椒(làjiāo) 고추

□ 茄子(qiézǐ) 가지

□ 黄瓜(huángguā) 오이

□ 南瓜(nánguā) 호박

□ 菠菜(bōcài) 시금치

□ 白菜(báicài) 배추

□ 萝卜(luóbo) 무

□ 土豆(tǔdòu) 감자

□ 白薯(báishǔ) 고구마

□ 豆芽儿(dòuyár) 콩나물

■ 과일

□ 水果(shuǐguǒ) 과일

□ 苹果(píngguǒ) 사과

□ 梨子(lízi) 배

□ 橙子(chéngzi) 오렌지

□ 香蕉(xiāngjiāo) 바나나

□ 桃(táo) 복숭아

□ 西瓜(xīguā) 수박

□ 甜瓜(tiánguā) 참외

- [ ] 杏(xìng) 살구
- [ ] 梅(méi) 매실
- [ ] 葡萄(pútáo) 포도
- [ ] 草莓(cǎoméi) 딸기

■ 육고기

- [ ] 牛肉(niúròu) 소고기
- [ ] 猪肉(zhūròu) 돼지고기
- [ ] 鸡肉(jīròu) 닭고기
- [ ] 羊肉(yángròu) 양고기
- [ ] 排骨(páigǔ) 갈비

■ 어패류

- [ ] 鱼(yú) 생선
- [ ] 金枪鱼(jīnqiāngyú) 참치
- [ ] 青鱼(qīngyú) 고등어
- [ ] 黄鱼(huángyú) 조기
- [ ] 虾(xiā) 새우
- [ ] 螃蟹(pángxiè) 게
- [ ] 鳗鱼(mányú) 뱀장어
- [ ] 贝(bèi) 조개
- [ ] 牡蛎(mǔlí) 굴

■ 조미료

- [ ] 味精(wèijīng) 조미료

- [ ] 酱油(jiàngyóu) 간장
- [ ] 酱(jiàng) 된장
- [ ] 盐(yán) 소금
- [ ] 糖(táng) 설탕
- [ ] 醋(cù) 식초
- [ ] 胡椒(hújiāo) 후추
- [ ] 芥末(jièmò) 겨자
- [ ] 生姜(shēngjiāng) 생강
- [ ] 辣椒(làjiāo) 고추

■ 의류

- [ ] 衣服(yīfú) 옷, 의복
- [ ] 西装(xīzhuāng) 양복
- [ ] 上衣(shàngyī) 상의
- [ ] 衬衫(chènshān) 와이셔츠
- [ ] 毛衣(máoyī) 스웨터
- [ ] 背心(bèixīn) 조끼
- [ ] 裙子(qúnzi) 스커트
- [ ] 裤子(kùzǐ) 바지
- [ ] 夹克(jiākè) 점퍼
- [ ] 汗衫(hánshān) 속옷, 내의
- [ ] 汗背心(hánbèixīn) 러닝셔츠
- [ ] 内裤(nèikù) 팬티
- [ ] 乳罩(rǔzhào) 브래지어

□ 袜子(wàzi) 양말

□ 帽子(màozǐ) 모자

□ 领带(lǐngdài) 넥타이

□ 皮鞋(píxié) 구두

□ 高跟鞋(gāogēnxié) 하이힐

□ 球鞋(qiúxié) 운동화

□ 凉鞋(liángxié) 샌들

□ 拖鞋(tuōxié) 슬리퍼

□ 旅游鞋(lǚyóuxié) 스니커즈

□ 长筒皮鞋(chángtǒngpíxié) 부츠

□ 雨鞋(yǔxié) 장화

■ 날씨

□ 天气(tiānqì) 날씨

□ 太阳(tàiyáng) 태양

□ 阳光(yángguāng) 햇빛

□ 星星(xīngxing) 별

□ 月亮(yuèliàng) 달

□ 风(fēng) 바람

□ 云(yún) 구름

□ 露水(lùshuǐ) 이슬

□ 霜(shuāng) 서리

□ 雪(xuě) 눈

□ 雨(yǔ) 비

□ 虹(hóng) 무지개

□ 毛毛雨(máomáoyǔ) 이슬비

□ 阵雨(zhènyǔ) 소나기

□ 梅雨(méiyǔ) 장마

□ 闪电(shǎndiàn) 번개

□ 雷(léi) 천둥

□ 冰雹(bīngbáo) 우박

□ 风暴(fēngbào) 폭풍

□ 台风(táifēng) 태풍

□ 洪水(hóngshuǐ) 홍수

□ 沙尘(shāchén) 황사

□ 红霓(hóngní) 무지개

□ 天气预报(tiānqìyùbào) 일기예보

□ 阴天(yīntiān) 흐림

□ 晴天(qíngtiān) 맑음

□ 冰(bīng) 얼다

□ 潮湿(cháoshī) 습하다

□ 干燥(gānzào) 건조하다

□ 冷(lěng) 춥다, 차다

□ 凉快(liángkuài) 시원하다

□ 暖和(nuǎnhuo) 따뜻하다

□ 热(rè) 덥다

□ 晴(qíng) 개다, 맑다

- ☐ 雨季(yǔjì) 우기
- ☐ 节期(jiéqī) 절기

■ 기후와 자연

- ☐ 气候(qìhòu) 기후
- ☐ 寒带(hándài) 한대
- ☐ 温带(wēndài) 온대
- ☐ 寒流(hánliú) 한류
- ☐ 暖流(nuǎnliú) 난류
- ☐ 温度(wēndù) 온도
- ☐ 摄氏(shèshì) 섭씨
- ☐ 零上(língshàng) 영상
- ☐ 零下(língxià) 영하
- ☐ 大陆(dàlù) 대륙
- ☐ 海(hǎi) 바다
- ☐ 海滨(hǎibīn) 해변
- ☐ 河(hé) 강, 하천, 목
- ☐ 岸(àn) 물가, 강변
- ☐ 湖(hú) 호수
- ☐ 池子(chízi) 못
- ☐ 沟(gōu) 개천, 도랑
- ☐ 山(shān) 산
- ☐ 山谷(shāngǔ) 산골짜기
- ☐ 山脚(shānjiǎo) 산기슭

- ☐ 山坡(shānpō) 산비탈
- ☐ 溪谷(xīgǔ) 계곡
- ☐ 地(dì) 땅
- ☐ 土地(tǔdì) 토지
- ☐ 地面(dìmiàn) 지면, 지표
- ☐ 草地(cǎodì) 초원
- ☐ 森林(sēnlín) 삼림
- ☐ 树林子(shùlínzi) 숲
- ☐ 田地(tiándì) 논밭
- ☐ 野外(yěwài) 야외
- ☐ 风景(fēngjǐng) 풍경

■ 동물

- ☐ 动物(dòngwù) 동물
- ☐ 牲口(shēngkǒu) 가축
- ☐ 狗(gǒu) 개
- ☐ 貓(māo) 고양이
- ☐ 马(mǎ) 말
- ☐ 牛(niú) 소
- ☐ 猪(zhū) 돼지
- ☐ 鸡(jī) 닭
- ☐ 鸭子(yāzi) 오리
- ☐ 兔(tù) 토끼
- ☐ 羊(yáng) 양

☐ 山羊(shānyáng) 염소

☐ 狐(hú) 여우

☐ 狼(láng) 늑대

☐ 猴(hóu) 원숭이

☐ 鹿(lù) 사슴

☐ 虎(hū) 호랑이

☐ 狮子(shīzi) 사자

☐ 熊(xióng) 곰

☐ 熊貓(xióngmāo) 판다

☐ 象(xiàng) 코끼리

☐ 河马(hémǎ) 하마

☐ 鼠(shǔ) 쥐

☐ 蛇(shé) 뱀

☐ 鸟(niǎo) 새

■ 식물

☐ 植物(zhíwù) 식물

☐ 木(mù) 나무

☐ 花(huā) 꽃

☐ 草(cǎo) 풀

☐ 松树(sōngshù) 소나무

☐ 竹子(zhúzi) 대나무

☐ 菊花(júhuā) 국화

☐ 蘭草(láncǎo) 난

☐ 跟(gēn) 뿌리

☐ 秆子(gǎnzi) 줄기

☐ 茎(jīng) 가지

☐ 葉子(yèzi) 잎

☐ 芽(yá) 싹

☐ 树皮(shùpí) 나무껍질

☐ 花瓣(huābàn) 꽃잎

☐ 种子(zhǒngzǐ) 씨앗

■ 주거

☐ 房子(fángzǐ) 집

☐ 住宅(zhùzhái) 주택

☐ 公寓(gōngyù) 아파트

☐ 大樓(dàlóu) 빌딩

☐ 正门(zhèngmén) 현관

☐ 起居室(qǐjūshì) 거실

☐ 卧室(wòshì) 침실

☐ 客厅(kètīng) 응접실, 객실

☐ 餐厅(cāntīng) 부엌

☐ 洗脸间(xǐliǎnjiān) 세면장

☐ 厕所(cèsuǒ) 화장실

☐ 洗澡间(xǐzǎojiān) 욕실

☐ 樓上(lóushàng) 위층

☐ 樓下(lóuxià) 아래층

- ☐ 走廊(zǒuláng) 복도
- ☐ 樓梯(lóutī) 계단
- ☐ 电梯(diàntī) 엘리베이터
- ☐ 窗户(chuānghù) 창문

- ☐ 床(chuáng) 침대
- ☐ 被子(bèizi) 이불
- ☐ 褥子(rùzi) 요
- ☐ 枕头(zhěntóu) 베개

■ 식기

- ☐ 餐具(cānjù) 식기
- ☐ 碗(wǎn) 그릇
- ☐ 盘子(pánzi) 쟁반
- ☐ 碟子(diézi) 접시
- ☐ 筷子(kuàizi) 젓가락
- ☐ 匙子(chízi) 숟가락
- ☐ 勺子(sháozi) 국자
- ☐ 餐刀(cāndāo) 부엌칼
- ☐ 菜刀(càidāo) 요리용 칼
- ☐ 菜板(càibǎn) 도마
- ☐ 茶杯(chábēi) 찻잔
- ☐ 锅(guō) 냄비

■ 가구와 침구

- ☐ 家具(jiājù) 가구
- ☐ 桌子(zhuōzi) 탁자
- ☐ 椅子(yǐzi) 의자
- ☐ 沙发(shāfā) 소파

■ 생활용품

- ☐ 牙刷(yáshuā) 칫솔
- ☐ 牙膏(yágāo) 치약
- ☐ 肥皂(féizào) 비누
- ☐ 香皂(xiāngzào) 세숫비누
- ☐ 洗衣粉(xǐyīfěn) 세제
- ☐ 镜子(jìngzi) 거울
- ☐ 梳子(shūzi) 빗
- ☐ 剪刀(jiǎndāo) 가위
- ☐ 指甲刀(zhǐjiǎdāo) 손톱깎이
- ☐ 雨伞(yǔsǎn) 우산
- ☐ 钱包(qiánbāo) 지갑
- ☐ 钥匙(yàochí) 열쇠
- ☐ 钟表(zhōngbiǎo) 시계
- ☐ 眼镜(yǎnjìng) 안경
- ☐ 火柴(huǒchái) 성냥
- ☐ 大火机(dàhuǒjī) 라이터